# 선에 대한 이런저런 이야기

## 천목중봉 스님의 동어서화

# 선에 대한 이런저런 이야기

천목중봉 스님의 동어서화

감역 · 벽해 원택

02 성철스님이 가려 뽑은 한글 선어록

장경각

# 개정판을 발간하면서

○

해인사 백련암으로 출가한 몇 년 후 성철 큰스님께 여쭈었습니다.
"스님! 불교는 왜 인도에서 번성하지 못하고 쇠하여졌습니까?"
"이놈아! 불교가 어려워서 인도에서 쇠해버렸다."

큰스님의 말씀을 듣는 순간 망치로 머리를 맞은 듯 멍하였습니다. "불교가 어렵다."고 하신 그 말씀을 우리 모두의 화두로 삼아야 하지 않을까 생각합니다.

"불교가 어렵다"는 뜻은 "부처님의 말씀을 단순히 이해하고 사는 것이 아니라 부처님 말씀의 진리를 깨쳐서 부처님 마음과 자기의 마음이 하나가 되어 자유롭게 세상을 살아가는 그 실천을 이루기가 옛날에도 어려웠고 지금도 어렵고 내일에도 어려운 것"이라고 성철 큰스님께서 우리들에게 가르침을 주신 것이라 생각합니다.

참선을 통한 깨달음의 길을 대중들이 쉽게 걸어가길 바라서, 성철 큰스님께서는 30여 년 전에 선어록을 한글로 번역하여 발간토록 당부하셨습니다. 1987년 11월에 출판사 '장경각'을 합천군에 등록하여 그 후 6년에 걸친 작업 끝에 〈선림고경총서〉 37권을 1993년 10월에 완간하였습니다.

그러나 책의 제목이 한문으로 쓰였고, 원문을 부록으로 실어서인지 독자들에게 널리 읽히지 못하고 종이책은 10여 년 전에 절판되고 교보문고의 전자책으로만 겨우 살아 있습니다.

30대 이하의 세대가 한문을 모르는 한글전용세대라는 점을 염두에 두고 우선 〈선림고경총서〉 중에서 가장 요긴한 선어록을 골라서 '성철스님이 가려 뽑은 한글 선어록'이라 이름하여 우선 10권을 출판하려고 합니다.

2017년 정유년 2월부터 매달 한 권씩 한글세대를 위해 쉽고 자세한 주석을 각 장의 뒤에 붙여서 발간하게 되었습니다. 인문학 분야의 많은 책들이 쏟아지고 있습니다만 참선에 관한 좋은 인문학 서적이 부족한 이때 맑은 참선 지도의 도서가 되기를 바랍니다. 독자 여러분들에게 선의 안목을 열어주는 좋은 인연이 맺어지기를 희망합니다. 야보선사의 게송을 한 구절 소개합니다.

대나무 그림자가 섬돌을 쓸어도 먼지 하나 일어나지 않고
달빛이 연못 속 밑바닥에 닿아도 물에는 흔적 하나 없구나.

죽영소계진부동　월천담저수무흔
竹影掃階塵不動　月穿潭底水無痕

2017년 2월 우수절
해인사 백련암
원택 합장

## 일러두기

1   이 책은 '선림고경총서' 제3권인 『동어서화』를 다시 펴낸 것이다.
2   문단 나누기는 빈가장경(頻伽藏經)의 과단(科段)을 그대로 따랐고, 그 문단에 대한 제목은 독자의 편의를 돕기 위해 임의로 붙였다.
3   한글 표기를 주로 했으나 전문용어는 한문을 괄호 속에 쓰기로 했다.
4   인명의 생존연대는 『선학대사전』을 참고로 했다.
5   주(註)는 모두 독자의 이해를 돕기 위해서 번역과정에서 붙인 것이다.
6   동어서화 상은 『천목중봉화상광록』 권18상, 하는 권18하, 속집상은 권19, 속집하는 권20이다.
7   본문의 전거를 밝힐 때 T는 『대정신수대장경』, X는 『대일본속장경』, H는 『한국불교전서』를 의미한다. 예를 들어 T48-417a는 『대정신수대장경』 제48권 417쪽 a단을 말한다.

# 해제

○

# 解題

    천목중봉(天目中峰, 1243~1323) 스님은 항주(杭州) 전당(錢塘) 사람으로 15세에 5계를 받고 그때부터 『법화경』·『원각경』·『금강경』·『전등록』 등을 두루 열람했다. 후에 천목산(天目山) 사자원(師子院)의 고봉원묘(高峰原妙, 1238~1295) 스님을 참례하고, 그 이듬해에 구족계를 받았으니 달마스님의 29세요, 임제스님의 15세 법손이시다. 이로부터 천목산·환산(皖山)·금릉(金陵)·변산(弁山)·경산(徑山)·육안산(六安山)·중가산(中佳山)·단양(丹陽)·평강(平江)·오강(吳江)·진강(鎭江) 등에 머무르면서 수행에 전념하였다. 스님의 도덕과 법력이 차츰 알려져 마침내 인종(仁宗) 임금까지도 감화되어 '불자국조광혜선사(佛慈國照廣慧禪師)'라 사(賜)하고 금란가사를 보내오기도 했다. 많은 납자들을 제접하다 영종(英宗) 3년(1323)에 시적(示寂)

하시니 세수 61이요, 법랍 37하(夏)였다. 그 후 북정자적(北庭慈寂) 스님에 의해 유저(遺著)로 『천목중봉화상광록(天目中峰和尙廣錄)』 30권이 편집되었고, 원통(元統) 2년(1334)에 입장(入藏)되었다.

이 『천목중봉화상광록』의 내용은 시중(示衆)·소참(小參)·염고(拈古)·송고(頌古)·법어(法語)·서문(書問)·불사(佛事)·불조찬(佛祖贊)·자찬(自贊)·제발(題跋)·산방야화(山房夜話)·신심명벽의해(信心銘闢義解)·능엄징심변견혹문(楞嚴徵心辯見或問)·별전각심(別傳覺心)·금강반야약의(金剛般若略義)·환주가훈(幻住家訓)·의한산시(擬寒山詩)·동어서화(東語西話)·부(賦)·기(記)·설(說)·문(文)·소(疏)·잡저(雜著)·게송(偈頌) 등이 실렸다.

이 『천목중봉화상광록』은 당토(唐土)에서도 몇 번 간행되었었고, 우리나라에서는 1977년 불국사선원에서 최초로 빈가장경(頻伽藏經)을 영인하여 보급한 바 있다.

『천목중봉화상광록』을 보아서 알 수 있듯이, 중봉스님은 『원각경』과 『능엄경』 등을 비롯한 경론은 물론 『전등록』을 비롯한 선서에도 해박했고, 유교와 도교를 비롯한 제자서(諸子書), 나아가 시(詩)와 부(賦)에도 뛰어나셨다. 그런데 이 모두가 일대사인연으로 회통되며, 돈오무심(頓悟無心)을 종(宗)으로 삼아 견성성불을 드날렸으니 달마스님의 바로 가리키는 선[直指之禪]과 부합된다. 가히 강남(江南)의 고불(古佛)이라 칭송받을 만하였다.

여기에 번역된 『농어서화』는 『천목중봉화상광록』 제18, 19, 20

권에 해당한다. 저본으로는 빈가장경(頻伽藏經)을 사용했고, 광서(光緒) 신사(辛巳, 1881)년에 고소각경처(姑蘇刻經處)에서 간행된 판본을 참고로 하였다.

『산방야화』가 대화체로 이루어진 반면 이 『동어서화』는 주로 설명체로 되어 있다. 이 책을 쓰게 된 동기는 중봉스님 자신도 밝혔듯이 『산방야화』를 세상에 내놓자 그 책에 대한 비난과 오해가 많아 그것을 해명하려고 내놓게 된 것이다. 선풍은 날로 쇠퇴해 가고 신심은 더욱 얕아져 가는 시절에 달마스님의 바로 가리키는 선을 종(宗)으로 삼아 돈오돈수(頓悟頓修) 사상을 널리 펴셨다. 또한 유생들의 불교 비난에 대해서도 근거 있고 설득력 있게 비판하고 있다. 특히 『원각경』을 소재로 한 법문에서는 스님의 교학에 대한 깊이를 가히 짐작해 볼 수 있다. 더구나 이 책에는 중봉스님 자신이 밝혀 놓은 행장(行狀)이 있어 인물 연구에도 귀중한 자료가 된다.

차례

개정판을 발간하면서 … 004

해제(解題) … 007

동어서화(東語西話) 서(緒) … 015

## 동어서화·상

| | |
|---|---|
| 1. 마음이 부처라는 말의 참뜻은 무엇인가? | … 018 |
| 2. 생사대사가 왜 중요한가? | … 022 |
| 3. 환법의 정체란 무엇인가? | … 025 |
| 4. 말로써 성품을 깨칠 수 있는가? | … 029 |
| 5. 병고가 양약이 되는 까닭은 무엇인가? | … 034 |
| 6. 사찰을 잘 보호하는 방법은 무엇인가? | … 038 |
| 7. 신광(神光)이란 무엇인가? | … 043 |
| 8. 복과 재앙의 근본은 무엇인가? | … 048 |
| 9. 모든 곳에 도가 있다는 뜻은 무엇인가? | … 053 |

10. 인연이란 무엇인가? ⋯ 057
11. 근본적인 수행의 태도는 무엇인가? ⋯ 061
12. 불법에 깊고 얕음이 있는가? ⋯ 067
13. 시비를 따지는 이유가 무엇인가? ⋯ 070
14. 공(空)·가(假)·중(中) 3제(三諦)의 뜻은 무엇인가? ⋯ 074
15. 애증심으로 도를 깨칠 수 있는가? ⋯ 080

○

# 동어서화·하

1. 불교의 비방에 대해 어떻게 대처해야 하는가? ⋯ 088
2. 불신(佛身)이 법계에 충만하다는 뜻이 무엇인가? ⋯ 098
3. 법신의 참뜻은 무엇인가? ⋯ 107
4. 백장 선림청규가 바로 가리키는 도에 어긋나는가? ⋯ 112
5. 자심의 현량(現量)이란 무엇인가? ⋯ 119
6. 시비를 가리는 마음은 어떻게 치료해야 하는가? ⋯ 124
7. 내가 살아온 길[天目中峰] ⋯ 128

○
# 동어서화 속집·상
●

| | |
|---|---|
| 1. 별전인 선은 교와 다른가? | … 134 |
| 2. 방편은 깨달음에 어느 정도 도움이 되는가? | … 140 |
| 3. 교화의 성쇠는 무엇에 달렸는가? | … 148 |
| 4. 선가에서는 왜 의미 없는 말들을 사용하는가? | … 153 |
| 5. 평상심이 도라고 하는 말뜻은 무엇인가? | … 168 |
| 6. 반야의 정체는 무엇인가? | … 179 |
| 7. 지관(止觀)의 참뜻은 무엇인가? | … 183 |

○
# 동어서화 속집·하
●

| | |
|---|---|
| 1. 견해와 병통[見病]은 무엇인가? | … 188 |
| 2. 이치는 둘이 아니라고 하는 참뜻은 무엇인가? | … 191 |
| 3. 재량을 키운다는 것이 무슨 뜻인가? | … 197 |
| 4. 나음의 도량과 복은 어떤 관계인가? | … 199 |

5. 요즈음은 불법이 왜 옛날처럼 흥성하지 않는가? … 201
6. 총림의 말뜻은 무엇인가? … 205
7. 예법과 도는 어떤 관계인가? … 207
8. 도를 닦으려면 어떤 자세가 필요한가? … 209
9. 윤회에서 벗어나지 못하는 이유는 무엇인가? … 212
10. 생사문제는 어떻게 해결할 수 있는가? … 214
11. 중생들은 왜 범부 짓을 하는가? … 216
12. 공용 없는 삼매는 무엇인가? … 218
13. 왜 정진력을 길러야 하는가? … 224
14. 도 닦는 것과 외부의 조건은 어떤 관계인가? … 226
15. 도에 쉽고 어려움이 있는가? … 228
16. 도는 어디서 찾을 수 있는가? … 230
17. 옛 사람의 말을 따라도 되는가? … 232
18. 시절인연 때문에 깨닫기 어려운가? … 234
19. 조사의 화두는 어떻게 받아들여야 하는가? … 237
20. 지난날의 업을 어떻게 관찰해야 하는가? … 239
21. 어떻게 시비를 벗어날 수 있는가? … 241
22. 방편에는 해로움이 없는가? … 243
23. 구도의 자세는 무엇인가? … 245
24. 출가자도 편안함을 누릴 수 있는가? … 247
25. 올바른 정진의 태도는 어떤 것인가? … 250

## 동어서화(東語西話) 서(緒)

내가 고질병을 치료하던 여가에 질문을 던지는 객승이 있었다.

그 질문에 응답한 것이 모여 한 책이 되었으니 그 제목을 『산방야화(山房夜話)』라 했다.

그러나 이 책은 그저 일거리 만들기 좋아하는 사람들이나 가져갈 만한 것이다.

그런데도 이 『산방야화』에 대한 여러 가지 이야기가 끊이질 않아, 그때그때 일어났던 느낌들을 말하다 보니 모두 20여 가지가 모여 책이 되었다.

그래서 제목을 『동어서화(東語西話)』(이런저런 이야기)라고 했는데, 책 이름을 그렇게 붙인 이유는 조리 있게 체계적으로 서술하지 못했기 때문이다.

감히 깨달으신 선배에게는 들려줄 것이 못되고, 후학들에게나 겨우 보여줄 만하다.

천목중봉(天目中峰)

동어서화·상

# 01

## 마음이 부처라는 말의 참뜻은 무엇인가?

●

아주 가까이에 있으면서도 볼 수 없는 것이 눈이고, 아주 친한 듯하지만 알 수 없는 것이 심성(心性)이다. 눈은 직접 볼 수 없다 해도 거울에 비추면 볼 수 있다. 그리고 심성은 그냥 알 수는 없지만 투철하게 깨달으면 알 수 있다. 투철하게 깨닫지도 못하고 심성의 심오한 이치를 알려는 것은, 마치 거울을 버리고 자기의 눈을 보려는 것과 같다.

옛날 대매산(大梅山)에 머무시던 법상(法常, 752~839)[1] 스님이 마조(馬祖, 709~788)[2] 스님에게 "부처님이란 무엇입니까?" 하고 묻자 "마음이 부처님이다[卽心是佛]."라고 대답했다. 그러자 법상스님은 이 말을 듣고 그 자리에서 열 개의 태양이 일시에 비추듯 모든 미망과 번뇌가 한순간에 사라졌다. 그리고는 바로 대매산으로 가서 마음도 아니고 부처도 아닌 곳에 자신을 한결같이 맡겨 버렸다. 이것이야말로 투철하게 깨달은 좋은 본보기이다.

　이로부터 "마음이 부처이다"라는 말이 온 세상에 퍼졌으니, 이것은 현묘(玄妙)함을 참학(參學)하는 상근기 인재뿐만 아니라, 일개 장사치나 부엌데기나 아녀자까지도 말할 때면 "마음이 바로 부처이다."라는 말을 하지 않는 이가 없었다. 그러나 막상 "마음이 무엇이냐?"고 다그쳐 질문하면 망연하여 아무것도 모른다. 이런 무리들은 그만 두고 말하지 않더라도, 더러는 평소에 참선 공부한다고 자처하는 수행자들이 그 심체(心體)를 노래하고 읊조려 지적하기는 마치 얼굴이 거울 속에 선명하게 비추듯이 한 터럭도 감추지 않고 분명하게는 한다. 그러나 법상스님이 도달한 경지를 구하는 데에서는 하늘과 땅의 차이이다.

　무엇 때문에 그렇게 될까? 법상스님은 투철하게 깨달은 것이고, 그 밖의 사람들은 다만 알음알이로 이해한 것이기 때문이다. 그저 알음알이로 이해한 사람은 말은 오히려 교묘할지 몰라도 그 종지에는 도리어 어두우며, 말이 기묘하면 기묘할수록 이치는 더더욱 혼미해진다.

　어떤 사람은 이렇게 말했다.

　"눈을 비출 거울은 구할 수 있지만 심성을 밝히는 말씀에 관한 요점을 들어보질 못했습니다."

　그래서 내가 대답했다.

"다만 믿음[信根]이 마음에서 우러나기만 하면 깨달음은 어려울 것이 없습니다. 혹 이것을 믿지 않는 이라면 스스로 깨달을 원인이 없을 것입니다."

옛 사람들의 '믿음'은 누가 믿음을 내라고 꾸짖고 지도해서 그랬던 것도 아니며, 또 믿음을 내라고 권해서 그런 것도 아니었다. 오직 믿음이 마음에서 우러나왔으니, 마치 굶주린 자가 음식 찾듯이 생각 생각마다 잠시도 쉬지 않고 알음알이와 사량분별을 싹 쓸어내어 철벽같은 믿음을 굳건히 하였다. 그러다가 하루아침에 깨달음의 문이 툭 터지면, 마치 오랫동안 잊었던 것을 홀연히 기억한 것과도 같았다. 이것이 바로 법상스님이 마조스님의 질문이 끝나자마자 그대로 그 자리에서 대답한 소식이니 어찌 우연히 그랬겠는가.

요즈음 사람들은 투철하게 깨닫지도 못했으면서도 "마음이 바로 부처이다"라는 말을 지껄이며, 알음알이의 허망한 분별로 이리저리 때도 없이 지껄인다. 이래서야 그저 말만 많아질 뿐 '마음'과 '부처'에 계합할 도리가 있겠는가!

주
:

1  대매법상(大梅法常) : 20세에 출가하여 경론에 통한 후 선에 뜻을 두어 마조스님 밑에서 깨달음을 얻었다. 796년 무렵부터 대매산(大梅山)에 30년을 은거하여 대매법상으로 불린다. 836년에 호성사(護聖寺)라는 선원을 창건하여 7, 8백여 명이 모여서 공부하였다. 839년에 세수 88세, 법랍 69세로 입적하였다. 진사(進士) 강적(江積)이 지은 비문이 있다. 제자에 항주천룡(杭州天龍)·신라가지(新羅迦智)·신라충언(新羅忠彦)이 있으며, 어록으로『명주대매산상선사어록(明州大梅山常禪師語錄)』1권이 있다.

2  마조도일(馬祖道一) : 남악(南嶽)에서 6조 혜능(慧能)의 법을 이은 회양(懷讓)이 수도하고 있다는 소식을 듣고 그를 찾아가 '돌을 갈아 거울을 만들겠다'는 회양스님의 가르침으로 깨달음을 얻었다. 강서성 개원사(開元寺)를 중심으로 종풍을 드날렸다. 만년에는 강서성 보봉사(寶峰寺)에 머물다가 788년 세수 80세로 입적하였다. 문인 권덕여(權德輿)가 탑명(塔銘)을 지었으며 당 헌종(憲宗)이 대적선사(大寂禪師)라는 시호를 내렸다. 『마조도일선사어록(馬祖道一禪師語錄)』1권이 있다. 마조스님은 강서를 중심으로 교화를 펴 나갔기 때문에 호남의 석두희천(石頭希遷)과 더불어 선계의 쌍벽으로 일컬어진다.
그의 선풍은 '평상심시도(平常心是道) 즉심시불(卽心是佛)'을 표방하였다. 제자로 백장회해(百丈懷海)·서당지장(西堂智藏)·남전보원(南泉普願)·염관제안(鹽官齊安)·대매법상(大梅法常)·귀종지상(歸宗智常)·분주무업(汾州無業) 등 130여 명을 배출하였다.

## 02

## 생사대사가 왜 중요한가?

●

참선하는 사람 치고 생사의 일이 크다고 말하지 않는 사람이 없다. 그러나 막상 "무엇을 생사라 하는가?"라는 질문을 받게 되면 망연하여 대답을 못하고 만다. 어떤 사람이 "왜 그런 질문을 하는지 이유를 모르겠습니다."라고 해서 내가 넌지시 그에게 일러주었다.

"그대는 생사가 무엇인지도 모르면서 생사문제의 해결을 위해 발심한다 하니 참으로 허망합니다. 생사의 일은 인간에게는 큰 문제입니다. 실로 생사의 이치를 알지 못하면서 참선을 한다는 것은 마치 농사일을 버리고 생식[辟穀]하는 사람에게 농사를 지으라고 억지로 시키는 것과 같은 일입니다. 억지로 따르기는 하나 생식으로 이미 배고픔을 잊은 그는 벼나 기장을 심을 필요가 없으므로 명령을 따르지 않고 게으름만 피웁니다. 이와 같이 참학하는 자가 생사의 단서부터 미혹되면 참학을 한들 무슨 소용이 있겠습니까?

어떤 사람은 '태어나도 오는 곳을 모르며, 죽어도 가는 곳을 모르는데 이것을 생사라고 말한다'고도 합니다. 그러나 이것은 정말이지 미친 소리입니다. 가령 오고 가는 곳을 안다 해도, 그가 알고 있는 것이 바로 생사인데 생사 자체에 빠져서 생사를 벗어나는 경우는 없는 것입니다.

생사는 원래 체성(體性)이 없는데 인간이 스스로 마음을 미혹했기 때문에, 허망하게 윤회를 따라서 한 생[有]을 받는 것임을 알아야 합니다. 추우면 물이 얼어 얼음이 되지만, 그 추위가 사라지면 다시 물이 되는 것과 같은 이치입니다. 그와 마찬가지로 미혹이 마음에 축적되면 생사가 허망하게 생겨나지만, 미혹을 깨닫고 나면 마음의 바탕은 고요할 뿐입니다. 생사를 찾으려 하나, 마치 졸다가 깨어난 사람이 꿈속에서 있었던 일을 찾는 것과 같습니다. 어떻게 그것이 현실에서 가능할 이치가 있겠습니까? 생사란 본래 공(空)한 것이지만 그것을 알려면 깨달아야만 하고, 본래 열반(涅槃)이지만 미혹되면 알지 못한다는 것을 분명히 알아야 합니다.

자기의 마음을 투철하게 깨닫지 못하고서 생사문제를 환히 깨달으려 한다면, 이것은 마치 장작불을 계속 때면서 가마솥의 물이 끓지 않기를 바라는 것과 같습니다. 그런 이치가 어디 있겠습니까? 생사를 환히 깨닫는 데에는 마음을 깨닫는 것보다 가까운 길이 없고, 마음을 깨닫는 일도 발심(發心)보다 우선하는 것이 없습니다. 그러려면 추위와 더위를 모두 잊고 침식(寢食)을 그만두며, 알음알이와 허망한 생각을 비워야 합니다. 그런 일념(一念)을 어떤 곳에서든 꾸준히 하여, 마치 견고한 무기나 침범할 수 없는 엄중한 성곽처럼 굳게 지켜야 합니다. 동시에 옛 사람들이 말했던 확고한 발심을 두루 살펴 만 길 벽 위에 우뚝 선다면 확철대오하는 것은 분명한 일입니다. 이미 깨닫고 나면 생사만 공적(空寂)한 것이 아니라, 열반도 대단하다 할 여지가 없습니다.

만일 그렇지 않다면 무엇 때문에 생사와 미망(迷妄)이 교대로 결합하여 멀리는 광겁(曠劫)으로부터 미래제(未來際)에 이르기까지 털 끝 만한 틈도 없이 유전(流轉)하겠습니까? 생사는 큰일이라고 말하는 것이 왜 헛된 말이며, 어찌 빈말이겠습니까?"

## 03

## 환법의 정체란 무엇인가?

　독사와 호랑이에게 사람을 해치려는 생각이 본래부터 있는 것은 아니다. 그들은 높은 산허리를 의지하고 평평한 땅바닥에 누워 있을 뿐인데 길가는 사람들이 오히려 무서워하여 서로 주의를 주며 멀리한다. 그들이 사람을 물어뜯고, 또 독이 있다는 것을 잘 알기 때문에, 그림자만 보아도 피하지 않을 수가 없는 것이다. 보살이 환법(幻法)을 대하는 것도 이와 같다. 무엇이 '환법'인가 하면, 실제로는 없는데 있는 듯한 것이다. 실체가 없다고 말했는데 도대체 무엇이 있단 말인가?
　이것은 허공에는 본래 미세한 먼지도 없는데 눈병에 걸린 사람이 허공에서 어지러운 헛꽃[空華][1]을 보는 것과 같다. 허깨비인 줄 아는 사람은 자기의 눈병을 탓하겠지만 허깨비인 줄 모르는 사람은 도리어 헛꽃만을 탓한다. 그 밖에 물에 어린 달그림자와 거울 속에 비친 형상도 실제로는 모두가 헛된 존재이다. 그런데도 미혹한 사람은 그것을 '있다'고 집착하면서 그저 그것을 없애려고 한다. 더구나 그러면 그럴수록 더더욱 무언가 '있는' 듯해진다. 그러나 깨달은 사람은 그것이 허깨비인 줄 알고 없애려는 생각을 하지 않는다. 그러다 보면 일부러 없애려 하지 않아도 저절로 집착할 것이 없어진다.

그러므로 경전 중에서 "허깨비인 줄 알면 그대로 없어지니 따로 방편을 쓸 필요가 없다"고 하는 대목이 있는 것이다. 허깨비인 줄 아는 그 '앎'은 알음알이에서 나오는 것이 아니고, 단박에 깨치는 마음 바로 그 자체이다. 그 '앎'은 지극히 당연하기 때문에 허깨비가 없어지기를 기다리지 않아도 저절로 없어진다. 그러므로 일부러 방편을 만들려 하지 않는다. 왜냐하면 그것은 허깨비를 없애려는 마음이나 없애려는 대상이 모두 방편이기 때문이다.

무엇보다도 자신의 마음자리를 통철하게 깨달아서 모두가 허깨비인 줄을 확실히 알아야 한다. 그렇게 확실히 알기만 하면 허깨비는 저절로 없어지므로, 없애고 말고 할 것이 없게 된다. 이것은 마치 뱀과 호랑이를 보기만 해도 피하는 자들이 그것들에게 사람을 물어뜯는 독이 있다는 것을 알아서 자연히 생각 생각에 그들을 멀리하는 것과 같다. 어찌 따로 방편을 써야만 환법이 사라지겠는가?

참된 깨달음이 없는 사람들이라 할지라도 "사대(四大)[2] 오온(五

蘊)³은 허깨비"라고 모두들 말한다. 그러나 잠시라도 좋은 일이건 나쁜 일이건 부딪치면, 갑자기 알음알이가 발동하여 갖가지 허깨비가 생겼다가는 없어지곤 한다. 갖가지 고통을 모두 맛보고 마음에 싫증이 나서 그것들을 없애려고 하지만, 허깨비 같은 견해[幻見]만 더욱 증가할 뿐이다. 더구나 허깨비가 생기게 된 모든 인연을 올바르게 알지도 못했는데 어떻게 그것을 없앨 수가 있겠는가?

  수행을 잘하는 사람은 허깨비를 없애야겠다는 생각도 없이 오직 자기의 공부만 부지런히 할 뿐이다. 자기의 마음자리만 깨달으면 백 천이나 되는 허깨비의 허망이 녹아 진실하고 고요한 상태로 돌아간다. 이때는 '없앤다'고 한 그 말마저도 오히려 부질없는 군더더기가 될 뿐이다.

주 :

1 공화(空華) : 눈병이 생겨서 제대로 보이지 않고 눈앞에 꽃이 핀 것처럼 아른거리는 것. 또는 눈을 비볐을 때 아른거리는 것. 본래 공한 것을 실유(實有)라고 인식하는 인간의 미망을 설명하는 데 쓰이는 비유.
2 사대(四大) : 물질의 4대 기본원소인 지(地)·수(水)·화(火)·풍(風). 만물의 기본적 특성인 견고함·부드러움·따뜻함·움직임을 가리키기도 한다.
3 오온(五蘊) : 인간 존재의 다섯 가지 구성 요소. 물질과 정신을 다섯 가지로 분류한 것. 물질 일반 또는 신체인 색온(色蘊), 감각 또는 단순한 감정인 수온(受蘊), 마음에 어떤 모양을 떠올리는 표상 작용인 상온(想蘊), 의지 또는 잠재적 형성력인 행온(行蘊), 의식 자체로서 구별하여 아는 인식 또는 식별 작용인 식온(識蘊)의 다섯 가지.

# 04

## 말로써 성품을
## 깨칠 수 있는가?

묘희대혜(妙喜大慧, 1089~1163)[1] 스님은 말씀하시기를, "옛 사람은 모두가 마음을 밝혀서 성품을 보았는데, 요즘 사람들은 으레 말로써 마음과 성품을 설명하려 드니, 그대들이 30년 후에 되돌려 받을 말이 있는지 없는지를 알게 하겠다." 하셨다. 이는 교화가 날로 쇠퇴하고 인심이 날로 각박해짐을 잘 지적하신 말씀이다.

무엇이 견성인가. 다름이 아니라 수행하여 본래의 자리에 도달한 것이다. 성품을 말로 설명한다는 것은 수행은 하지 않고서 본래 자리에 도달한 듯이 말하는 것이다. 비유하자면 다른 지방이나 다른 나라에 사는 보잘것없는 어린애나 더벅머리 총각도 빼어난 인물이 모이는 서울[京都]의 방향은 가리킬 수 있지만 직접 가보지 못한 것과 같다. 아직 가보지 못했기 때문에 '말로만 하는 자'라고 하는 것이다. 서울에 대한 말이 많으면 많을수록 설명은 더더욱 복잡해진다. 그러므로 제대로 발심한 사람이라면 어찌 그 말에 의지해서 서울 사정을 알려고 할 것이며, 더구나 실없는 말이나 연구하여 헛된 것을 찾으려는 선승이 되려 하겠는가?

　발심한 사람이라면 반드시 양식을 준비하여 튼튼한 신발을 신고 천 리나 먼 길이라 해도 서울을 향해 고생을 무릅쓰고 꾸준히 걸어갈 것이다. 그러다가 일단 몸소 서울에 도착하면 화려한 대궐과 많은 인파, 번화한 문물과 엄청난 부귀를 직접 보게 된다. 이래야만 비로소 직접 서울을 본 사람이라 말할 수 있다. 이렇게 직접 본 사람이라야 고향에 되돌아가서 서울의 사정을 말할 수 있다. 그러나 그가 동쪽을 서쪽이라 하고 훌륭한 것을 억지로 천한 것이라 하며 종일토록 자기 멋대로 말하더라도 그가 몸소 보았던 진실만은 분명하다.

　이것을 두고 "나는 법왕(法王)이라 법에 자재(自在)하다"[2]고 한다. 몸소 도달해서 본 사람과 도달하지 못하고 말로만 설명한 사람과 얼마나 차이가 나는지 알 수 있을 것이다.

　말로만 설명하려 했던 경우의 원인은 무엇보다도 뽐내려는 마음이다. 대체로 말로만 하는 자는 천부적인 자질이 준수하고 민첩하여 많이 듣고 잘 기억하는 사람이다. 그러한 버릇이 알음알이를 움직여서 알음알이를 드러내려 하지 않아도 저절로 그렇게 된다. 알음알이는 그의 뽐내는 행위를 더더욱 부추기고, 뽐내는 마음은 알음알이를 더더욱 빛나게 하여 말을 하면 할수록 생사의 결박은 더욱더 견고해진다.

　그러나 몸소 본 사람은 종일토록 아무 말 하지 않아도 그의 진실한 음성은 우주에 가득 찬다. 그래서 영가(永嘉, 665~713)[3] 스님은 "침묵할 때 설법하고 설법할 때 침묵함이여, 큰 베풂의 문을 여니 옹색함이 없도다."[4]고 하셨다. 그 가르침이 이와 같은데 무엇 때문에 사람들을 속였겠는가? 30년 뒤에 되돌려 받을 말이 있겠는가, 없겠는가? 대혜스님의 이 말씀을 칭찬해야 할지 깎아내려야 할지. 이 소식을 아는 사람이라면 자신도 모르는 사이에 눈물이 비 오듯 할 것이다.

주:

1   묘희대혜(妙喜大慧) : 남송 때 임제종 양기파 스님으로 법명은 종고(宗杲), 호는 묘희 또는 운문(雲門). 13세에 향교에 들어가 유학을 배우고, 16세 때 동산(東山) 혜운사(慧雲寺)의 혜제(慧齊)에게 출가하여 이듬해 구족계를 받고 선적(禪籍)을 연구하였다.
대관(大觀) 원년(1107) 가을, 여산(廬山)에 올랐으며, 나중에 동산(洞山)으로 가서 잠시 참구하여 조동(曹洞)의 종지를 배웠다. 뒤이어 보봉(寶峰)의 담당문준(湛堂文準) 회하로 들어갔다. 정화(政和) 5년(1115) 문준이 자신의 입적이 다가오자 원오극근(圜悟克勤)에게 가서 참구할 것을 권하였다. 선화(宣和) 6년(1124), 원오가 동경(東京) 천녕사(天寧寺)에 칙령을 받고 머물 때 그의 회하에서 참구하여, 각고의 노력 후에 깨달음을 얻고 그의 법을 이었다. 소흥(紹興) 4년(1134)에는 복건(福建)의 양서암(洋嶼庵)으로 가서, 이때부터 조동종의 묵조선을 공격하고 공안선을 고취하였다. 1137년 장릉(張凌)의 천거로 경산(徑山) 능인선원(能仁禪院)에 머물며 종풍을 크게 진작시켜 임제의현(臨濟義玄)이 다시 출현했다는 칭송을 들었다.
그러나 금과의 전란에서 화해의 의논이 성립되자, 주전론자인 장구성(張九成)에게 금과 한 패라는 누명을 쓰고 도첩을 박탈당한 후 호남성 형주(衡州)로 유배되었다. 형주에 10년 머무르는 사이에 『정법안장(正法眼藏)』6권을 저술하였다. 그 후 사면되어 육왕(育王)에 머물렀고, 천동산(天童山)의 굉지정각(宏智正覺)과 교류를 맺었다. 나중에 다시 경산에 머물며, 효종(孝宗) 황제의 귀의를 받고 대혜(大慧)선사라는 호를 받았다. 융흥(隆興) 원년에 입적하였다. 세수 75, 법랍 58, 시호는 보각(普覺)선사이며 저서로는 『대혜선사어록(大慧禪師語錄)』, 『종문무고(宗門武庫)』 등이 있다.

2   원문은 "我爲法王 於法自在."이다. 『묘법연화경(妙法蓮華經)』「비유품(譬

  喩品)」, T9-14a.
3 영가현각(永嘉玄覺) : 당대(唐代) 스님. 절강성 온주부 영가현(永嘉縣) 출신으로 어려서 출가하여 두루 삼장(三藏)을 탐구하였으며, 특히 천태의 지관법문(止觀法門)에 정통하였다. 좌계현랑(左谿玄朗)의 권고로 무주현책(婺州玄策)과 함께 조계의 6조 혜능(慧能)을 참례하고 문답하여 곧바로 인가를 받고는 그날 하룻밤만 자고 떠났다. 그래서 당시 사람들이 그를 '일숙각(一宿覺)'이라 칭하였다. 당 현종(玄宗) 선천(先天) 2년에 입적, 시호는 무상대사(無相大師)며 진각대사(眞覺大師)라고도 한다. 저술로는 『증도가(證道歌)』·『영가집(永嘉集)』이 있다.
4 원문은 "默時說 說時默 大施門開無壅塞."이다. 『증도가(證道歌)』에 나온다.

# 05

## 병고가 양약이 되는 까닭은 무엇인가?

부처님께서는 "중생에게 병고는 훌륭한 약이다."[1]라고 하셨다. 이 말씀을 믿어야 할지, 믿지 말아야 할지. 도대체 이 말씀의 뜻은 무엇일까? 중생은 오랫동안 미망(迷妄)을 쌓아왔기 때문에 안으로는 아상(我相)[2]이 생기고, 밖으로는 대상에 집착한다. 단지 몸과 마음이 쾌적하고 편안한 상태에 도달한 것만을 뽐낸다. 그 결과 알음알이가 어지럽게 뒤섞여서, 허깨비 같은 육신은 언젠가 늙고 병들어 죽게 된다는 사실을 까맣게 잊고 만다.

섭생해서 건강을 유지하다가 방법이 잘못되어 어느 날 갑자기 자리에 누워 신음하게 되면, 아무 일도 못하고 때도 없이 고통이 찾아와 머지않아 죽게 된다.

지난날을 돌이켜 볼 때, 도(道)도 깨닫지 못하고 의지할 만한 법력도 없어서 아득한 3계(三界)에 끝없이 들락거리게 된다. 혹 그러다가 구차하게라도 목숨을 연명할 수 있게 되면 이를 악물고 뼈를 깎는 고행으로 도를 탐구하기를 밤낮으로 쉬지 않을 것이다. 그렇게 하여 "출가(出家)했던 본뜻을 살리고, 불조(佛祖)의 깊은 은혜에 보답하리라."고 맹세한다.

이처럼 받아들이는 사람이라면 '병고가 진실한 양약'이라는 본뜻을 아는 사람이라 하겠다. 그러나 이렇게 받아들이지 않는 사람은 도리어 병을 앓으면서도 자기에게 좋거나 싫은 상황을 사량분별하여 애증만 더 두터워진다. 불조의 은혜에 보답하고자 하면서도 자기가 지어온 업을 되돌아보지 않는다. 이렇게 부끄러워할 줄 모르는 사람은 깨달음을 구하는 무리가 아니다. 그들은 오히려 불조의 진실한 말씀을 허물되게 만들 뿐이다.

그러나 실제로 병고는 병을 받아들이는 사람에게만 좋은 약이 되는 것일 뿐만 아니라, 받아들이지 않는 자에게도 훌륭한 약이 된다. 왜냐하면 피차 몸은 4대(四大)에 구속되어 있고, 형체는 외연(外緣)을 의지했기 때문이다. 남들의 병이 저와 같은데 나인들 어떻게 그렇지 않겠는가? 지금은 요행히도 병이 없어 몸이 쾌적하고 편안하지만, 돌고 도는 8고(八苦)³ 속에서 건강을 자신할 수 있겠는가? 건강할 때 머리에 붙은 불을 끄듯이 부지런히 도를 닦아 번뇌의 울타리를 부수고, 무명(無明)의 소굴을 분쇄하며, 열반의 험난한 함정까지도 텅 비우고 빠르게 돌아가는 생사의 흐름을 끊어야만

한다.

마음 밖에서는 도를 구하지 못하는데, 깨달음[佛]을 어떻게 다른 것에서 얻을 수 있겠는가?

위와 같이 생각한다면 좋은 약의 효과가 어찌 병든 사람에게만 있다고 하겠는가? 무릇 생명이 있는 존재라면 모두 이 말씀에서 신비한 효험을 얻을 것이다. 그런데 더구나 우리들은 삭발 출가해 선문총림(禪門叢林)에 살면서 걸핏하면 생사의 일로 평생의 업을 삼는다고 말을 한다.

그러나 '병고가 바로 양약이다'는 밝은 가르침을 듣고서도 몽롱하게 조금도 반성하지 않는 자들이 있다. 그런 사람들은 끝없이 윤회전생(輪回轉生)하리라는 것을 미루어 알 수 있다.

주
:

1  원문은 "病是衆生良藥."인데 정확히 일치하는 경문은 찾을 수 없다.
2  아상(我相) : 5온이 화합하여 이루어진 '나'를 실아(實我)라고 생각하고 내 것이 있는 줄로 생각하는 것이다. 4상(四相) 중의 하나로서 아상 이외에, 우리는 사람이니 지옥(地獄)이나 축생(畜生)의 과보와는 다르다고 집착하는 견해인 '인상(人相)', 중생들이 잘못된 소견으로 5온이 임시로 화합하여 생겨난 것을 자기라고 고집하는 견해인 '중생상(衆生相)', 선천적으로 길든 짧든 간에 일정한 수명을 받은 것이 있다고 생각하는 '수자상(壽者相)'이 있다.
3  8고(八苦) : 중생들이 받는 고통을 여덟 가지로 분류한 것이다. 생·노·병·사의 4고에 좋아하는 것과 헤어져야 하는 애별리고(愛別離苦), 싫어하는 것과 만나야 하는 원증회고(怨憎會苦), 원하는 것을 얻지 못하는 구불득고(求不得苦), 5온으로 이루어진 우리 전체가 고통이라는 오음성고(五陰盛苦)를 합해 8고라 한다.

## 06

## 사찰을 잘 보호하는 방법은 무엇인가?

　한 손님이 말하기를, "교묘한 방법으로 이웃 사찰을 빼앗은 속인이 있었습니다. 절의 스님들은 백방으로 힘을 써 보았으나 찾지 못했습니다. 그래서 관청에서 이 문제를 다스려 주길 바랐으나 뜻을 펴 보지도 못하고 수고로움만 겪었습니다."고 했다.

　그러자 어떤 사람이 말하기를, "당신들은 세간 밖에 노니는 출가한 사람들입니다. 반드시 자신의 몸뚱이마저도 잊고 물욕을 비워 이치로써 자신을 관조해야 합니다. 무엇 때문에 속인들의 취사(取捨)에 집착하는 꼴을 본받습니까?" 하였다.

　옆의 객승이 말을 이었다. "그렇지 않습니다. 예로부터 '천년이나 상주(常住)하는 사찰이요, 하루아침 살다가는 스님'[1]이라는 훈계가 있습니다. 그러나 하루 살다가는 승려가 아니라면 누구라서 천 년을 상주하는 사찰을 보호하겠습니까?"

다시 어떤 사람이 말했다.

"내가 들은 것은 이와 다릅니다. 변하지 않는 것을 상(常)이라 말하고, 움직이지 않는 것을 주(住)라 합니다. 이것은 진실하고 고요한 법신(法身)의 본체를 두고 한 말입니다. 참된 것은 변하지 않으며, 고요한 것은 요동하지 않습니다. 참되고 고요한 상주물은 대천세계(大千世界)를 모두 포섭하여 어느 것도 본체를 벗어난 것이 없습니다. 그러므로 옛날 가르침에도 '이 법이 진여[法位]에 안주하여 세간의 모습이 상주한다'[2]고 하였습니다. 우리야 속세에서 분주히 돌아다니며 부귀영화를 얻으려고 걸핏하면 알음알이를 쓸데없이 일으키니 이것을 모르는 것이 당연합니다. 그대는 출가하여 깨달음을 구하는 수행자입니다. 상주물은 참되고 고요한 법신의 본체라는 사실을 알지 못한다면 어떻게 중생을 인도하고 교화를 행하는 부처님의 제자라 하겠습니까?

옛날의 보살은 6바라밀[3]을 수행하고 4무량심(四無量心)[4]을 베풀어 행동을 삼가고, 착한 일을 몸소 행하는 것이 사찰을 보호하는 일이라 생각했습니다. 그대는 하루아침 살다가는 승려로서 사찰을 보호하려 하니 착하다고는 하겠습니다. 그러나 혹시라도 정념(正念)을 버리고 취사(取捨)의 알음알이에 빠져 싸움질하고, 혈기만 믿고 빼앗긴 땅과 살림살이를 찾으려 한다면 그것은 오히려 진실하고 고요한 법신을 미혹하고 사찰을 파괴하는 짓입니다. 이보다 큰 잘못은 세상 어디에도 없을 것입니다. 그대가 이것을 뉘우쳐 고치지 않고 다만 미친 감정으로 세속의 풍습을 본받아 천년토록 계속될 사찰을 보호하려 한다면, 이는 마치 제방을 터놓고 물이 새지 못하도록 하는 것과 같은 짓입니다. 이것은 자신을 속이는 것일 뿐입니다.

그대는 보지 못했습니까? 세간에 나는 듯한 누각이며, 용솟음치는 듯한 전각을. 모든 장엄구가 대천세계에 충만했는데, 그것이 부처님께서 원해서 그렇게 된 것이겠습니까? 외도(外道)라 해도 그렇게 하지는 않았을 것입니다. 보살이 보시를 행할 때는 자신의 머리·눈·골수·뇌 등을 보시해도 아까워하는 기색이 하나도 없었다고 들었습니다. 보살은 3륜(三輪)[5]이 모두 공적(空寂)하여 한 생각도 집착이 없습니다. 인간과 천상이 봉헌한다 해도 오히려 '내가 보시를 받는다'는 마음이 없는데, 중생들의 바람에 대해 어찌 보살이 베풀 대상이 있다는 생각을 하겠습니까?

참되고 고요하다는 것은 법신의 본체를 말한 것이고, 항상하여 요동하지 않는다는 것은 법신의 모습을 밝게 나타낸 것입니다. 이런 자세를 가져야만 진정으로 상주물인 사찰을 보호하는 것입니다. 그런데 어찌 세속에다가 감정을 멋대로 하여 관청에서 다스려 주기를 바라겠습니까?"

그러자 객승이 말했다.

"분명 이와 같다면 당신에게는 가능할 수도 있습니다. 그러나 사건이 공적인 문제에 걸려 있을 경우, 어찌 그런 일을 앉아서 바라보기만 할 수 있겠습니까?"

다시 앞사람이 말했다.

"그대는 한갓 구제라는 말만 알았을 뿐, 정작 구제해야 하는 까닭은 알지 못했습니다. 아뇩다라삼먁삼보리[6]인 제일의제(第一義諦)[7]를 깨달아 거기에 의지해서 사찰이 건립되는 것이고, 사찰은 6도(六度)[8]·4무량심·만행(萬行)·중선(衆善)을 바탕으로 해야만 잘 운영되는 것입니다. 이들을 떠나서 구제하는 방법을 따로 찾으려고 마음을 내고 생각을 움직이면 다만 업륜(業輪)만 도울 뿐입니다. 비록 구제했다고 말하지만 실제로는 해친 것입니다. 무릇 진실한 법신의 상주는 사찰의 살림살이와 표리 관계를 이루며 혼융하여서는 억만 겁이 지나도록 변동이 없는 법입니다. 어찌 천 년만 가겠습니까?"

애기가 이쯤 되자 듣던 사람들이 모두 머리를 끄덕였다.

주:

1. 원문은 "千年常住一朝僧."이다. 서주(瑞州) 동산효총(洞山曉聰) 선사 말씀이다. 『속전등록(續傳燈錄)』 권2, T51-476c.
2. 원문은 "是法住法位."이다. 『묘법연화경(妙法蓮華經)』 「방편품(方便品)」, T9-8b.
3. 6바라밀(六波羅蜜): 보살이 수행하는 여섯 가지 바라밀. 바라밀은 '완성'의 의미. 보시바라밀·지계바라밀·인욕바라밀·정진바라밀·선정바라밀·지혜바라밀의 여섯 가지.
4. 4무량심(四無量心): 보살이 중생을 어여삐 여기는 네 가지 한없는 마음. 중생에게 한없는 즐거움을 주려는 자무량심(慈無量心), 중생의 고통을 벗어나게 해주려는 비무량심(悲無量心), 중생의 기쁨을 함께 하는 희무량심(喜無量心), 평등한 마음으로 중생을 대하는 사무량심(捨無量心)의 네 가지.
5. 3륜(三輪): 보시할 때에 보시하는 이, 보시 받는 이, 보시하는 물품의 셋을 말한다.
6. 아뇩다라삼먁삼보리(阿耨多羅三藐三菩提): 범어 ānuttara-samyak-saṃbodhi의 음역으로 무상정등정각(無上正等正覺)·무상정등각(無上正等覺)으로 번역한다. 가장 높고 바른 불과(佛果)의 지혜를 말한다.
7. 제일의제(第一義諦): 세간의 진리인 세속제(世俗諦)에 상대하여 깊고 묘한 진리를 가리킨다. 또는 모든 법 가운데 제일이라는 뜻으로도 쓰인다.
8. 6도(六度): 6바라밀.

07

○

# 신광(神光)이란 무엇인가?

●

깨달음의 당체(當體)는 매우 밝아서 우주의 어디에나 가득 찼으며, 너무도 눈부시게 색(色)과 공(空) 모두에 사무쳤다. 그러나 그 모습은 볼 수가 없으며 자취도 찾을 수 없다. 푸르지도 누렇지도 않고, 그렇다고 길거나 짧지도 않다. 그것은 근기에 따라 감응하여 설산(雪山) 한밤중의 샛별[1]로 나타나기도 했으며, 대낮처럼 밝게 드러나 있지만 용담(龍潭, 782-765)[2]스님의 꺼버린 촛불[3]이 되기도 하였으며, 비추는 본체는 조금도 이지러짐이 없지만 동평(東平)[4]스님의 깨버린 거울[5]이 되기도 했으며, 비추는 방위를 수립하지 않지만 비야리성(毘耶離城)[6]의 꺼지지 않는 등불[7]이 되기도 했으며, 오랜 세월 본체와 접촉하고 있으면서도 그 본체를 분별할 수 없으며, 하루 종일 눈에 가득한데도 눈으로 볼 수 없으니, 이것이 이른바 신광(神光)이라는 것이다.

옛 스님은 "신광이 홀로 빛나니 만고의 아름다운 법이다. 이 문에 들어오면 알음알이를 간직하지 말라."[8]고 하셨다. 여기서 '홀로 빛난다'고 한 뜻은 한 몸[一體]으로서 둘이 아니라는 뜻이다. 신령하고 빛나는 깨달음의 당체여! 하늘에 있으면 하늘과 같고, 땅에 있으면 땅과 같다. 그것은 텅 비어 만상을 머금었고, 훤칠하게 10허(十虛)[9]를 관통하였다. 붉은 비단 장막 속에 옥구슬을 뿌리고, 무쇠 눈 구리 눈동자로도 그 비슷한 것조차 엿볼 수 없다. 고목이 서 있는 바위 앞에서 길을 묻지만 전광석화처럼 빨리 지나가니 누구라서 그 단서를 분간하겠는가?

신광을 가리거나 감출 수 없는지에 대해서는 "산호(珊瑚)는 가지마다 달을 지탱한다."[10] 하겠고, 신광이 다른 것과 뒤섞일 수 없는지에 대해서는 "부상(扶桑)[11]에서는 밤마다 일륜(日輪)이 붉다"고 하겠다. 이 신광은 하늘에서 나온 것도 아니고, 땅에서 용솟음친 것도 아니다. 그렇다고 안에서 나온 것도 아니요, 외부에서 온 것도 아니다. 이 신광에 의지하여 조화(造化)가 부려지고, 이를 말미암아 만물이 생겨난다. 모든 것을 성취케 하지만 어느 것에 의해서도 성취될 수 없는 것이 이 신광이며, 일체를 덮을 수 있으나 어느 것에 의해서도 덮여지지 않는 것이 이 신광이다.

반야(般若)는 중생심(衆生心)으로써 깨달을 수 없지만 신광으로는 깨달을 수 있다. 또한 진여는 다른 것과 섞이지 않지만 신광은 다른 것과 섞일 수 있다. 서쪽 조사가 칼을 잡으면 부처가 와도 목을 베고 마구니가 와도 목을 벤다. 그러나 목을 벨 수 없는 것이 있으니, 그것이 바로 이 신광이다.

 도인이 가는 처소에는 불이 얼음을 녹이는 듯하고, 납승(衲僧)의 앞길은 험난하여 길이라곤 찾아볼 수 없다. 그대가 이렇다 하면 나는 이렇다 하지 않으며, 그대가 이렇지 않다 하면 나는 이렇다고 하리라. 화살이 시위를 떠나지 않았는데도 과녁에 적중하였고, 구슬이 독 안에 있는데도 허공을 비춘다. 이는 모두 신광이 드러난 것으로서, 다른 비술(秘術)을 빌린 것이 아니다.

 천하의 참선하는 사람이 말 밖에서 확연히 깨닫지 않고 알음알이[知解]로써 나의 빛나는 신광의 요지(要旨)에 계합하려 한다면, 마음은 날로 수고로워지고 공부는 매일같이 후퇴하리라. 이것을 조심하지 않아서 되겠는가?

주 :

1. 부처님이 수행하실 때 설산에서 6년 수도하시고 샛별을 보고 깨달음을 얻으신 일을 말한다.
2. 용담숭신(龍潭崇信) : 당대(唐代) 스님. 가업이 떡 장수여서 천황사(天皇寺)에 머물고 있는 천황도오(天皇道悟)에게 떡을 보낸 것을 인연으로 도오에게 귀의하여 출가하였다. 수년을 참학하여 현지(玄旨)를 깨닫고 예양(澧陽) 용담선원(龍潭禪院)에 머물렀다. 제자로 덕산선감(德山宣鑑)이 있다.
3. 덕산스님이 용담스님을 찾아가 용담스님의 방으로 들어가 옆에서 모시고 섰는데 밤이 깊어갔다. 용담스님이 "왜 너의 처소로 내려가지 않느냐?" 하자 덕산스님이 인사를 드린 후 주렴을 걷고 나와 서려니 바깥이 칠흑처럼 캄캄하였다. 다시 돌아와 "문 밖이 어둡습니다."라고 말하니, 용담스님이 촛불을 붙여서 덕산스님에게 건네주었다. 덕산스님이 이를 받아들려는 찰나에 용담스님이 '훅' 하며 바람을 불어 촛불을 꺼버렸다. 이에 덕산스님이 깨달았다.『벽암록』제4칙.
4. 동평(東平) : 동평은 앙산혜적(仰山慧寂)이 입적한 곳이므로 동평스님은 앙산을 가리킨다. 앙산혜적(815~891)은 당대 스님으로 위앙종의 개조이다. 17세 때 왼손의 약손가락과 새끼손가락을 끊어 결심을 보이고 출가하여 탐원에게서 선의 현묘한 뜻을 깨닫고, 다시 위산(潙山)의 영우(靈祐)스님을 뵙고 깊은 경지에 도달하였다. 15년 동안 위산에 있다가, 뒤에 앙산으로 옮겨 선풍을 선양하고 위앙종을 크게 이룩하였다. 대순 1년 소주 동평산에서 입적. 시호는 지통(智通) 대사.
5. 앙산스님이 동평에 머무를 때 위산스님이 편지와 거울을 보냈다. 스님은 상당하여 거울을 꺼내 들고 대중들에게 보여주면서 말하였다. "말해 보아라, 이것이 위산스님의 거울인지 나의 거울인지를. 나의 거울이라고 한다면, 이것은 위산스님께서 보내온 것이 아닌가? 반대로 위산스

님의 거울이라고 한다면 이것은 내 손아귀에 있다. 바로 말한다면 깨뜨리지 않겠지만 그렇지 못할 경우엔 깨뜨려 버리겠다." 아무 대꾸가 없자 스님은 거울을 깨뜨리고 바로 법좌에서 내려왔다. 『앙산록』.

6　비야리성(毘耶離城) : 범어 vaiśāli의 음역으로 광엄성(廣嚴城)이라 번역한다. 중인도에 있던 곳으로 항하를 사이에 두고 남방으로 마갈타국과 마주보고 있다. 부처님께서 마지막으로 안거를 나신 곳이다. 유마힐 거사가 머물던 곳이기 때문에 비야리는 유마를 가리키는 대명사로도 쓰인다.

7　부처님께서 마지막으로 안거를 나신 비야리성에서 "너희들은 마땅히 자신을 등불로 삼고, 법을 등불로 삼아 다른 것을 등불로 삼지 말라. 자기에게 귀의하고 법에 귀의하여 다른 데 귀의하지 말라."는 '자등명(自燈明) 법등명(法燈明)'의 설법을 하신 일을 말한다.

8　원문은 "神光獨耀萬古徽猷 入此門來莫存知解."이다. 『서장』·『경덕전등록』·『벽암록』등에 따르면 이 말은 당나라 평전보안(平田普岸, 생몰 연대 미상)의 말이다. 평전은 백장회해(百丈懷海.. 749-814)의 제자로서 천태산(天台山) 평전사(平田寺)에 머물렀다. 『경덕전등록(景德傳燈錄)』권9, T51-267a에서는 "神光不昧萬古徽猷 入此門來莫存知解."라 하였다.

9　10허(十虛) : 시방허공(十方虛空)의 준말로서 무한한 공간, 온 누리를 가리킨다. 『벽암록』 65칙.

10　원문은 "珊瑚枝枝撐著月."이다. 한 스님이 파릉호감(巴陵顥鑑) 화상에게 "무엇이 사람마다 갖추고 있는 취모검입니까?" 하고 묻자 이렇게 대답하셨다. 『벽암록』 제100칙, T48-223b.

11　부상(扶桑) : 해가 뜨는 동쪽 바다를 말한다. 중국 전설에 해가 뜨는 동쪽 바다 속에 있다고 하는 상상의 나무, 또는 그 나무가 있는 곳을 가리킨다.

# 08

## 복과 재앙의 근원은 무엇인가?

●

 산을 옮기는 것도 가능하며, 방위를 바꾸는 것도 가능하다. 그러나 한 번 정해진 업(業)은 피할 수가 없다. 보연(報緣)의 업은 두 가지가 있는데, 그것은 선과 악이다. 선하면 복으로 보답하고, 악하면 화로 보답한다. 복과 재앙이 동일하진 않지만 모두 보연에 속하므로 모두 업이라고 이름을 붙인다. 업으로 정해진 이치[分]는 길 가는 사람이 만나는 경계와 같다. 30리에 다리[橋] 하나, 50리에 점포 하나를 기준으로 하여 다다르는 거리의 길이[里數]에 따라 다리와 점포를 설치한다. 이것은 성현이라도 피할 수 없는 일이다.
 선악의 생각은 하늘에서 내려온 것도 아니고 땅으로부터 솟아난 것도 아니다. 한결같이 미망(迷妄)의 정(情) 때문에 스스로 자신을 결박했을 뿐이다. 3세(三世)와 오랜 세월을 통해 인연 때문에 만나는 복과 화는 마치 30리를 가서 다리를 만나고 50리를 가서 점포를 만나는 것처럼 털끝만큼도 착오가 있을 수 없다.

세상 사람들은 어진 사람이 요절하고, 포악한 사람은 도리어 장수하며, 거역하는 자는 길하고, 의로운 자는 흉한 것만을 볼 뿐이라고 한다. 그러니 옛날에 지었던 것을 지금에 받고, 지금에 지은 것은 후세에 받는다는 것을 어떻게 알겠는가? 이를 두려워하여 업을 짓지 말라. 다가오는 과보를 받지 않을 자가 어디 있겠는가? 그러므로 성인이 하늘을 원망하지도 않고 사람들을 탓하지도 않았던 것은 확실한 이유가 있었다. 그러나 어리석은 사람은 하늘을 원망하고 남을 탓한다. 실제로는 그것이 자기에게서 나왔다는 사실을 모르는 것이다.

그것을 안다면 복이라 해서 기뻐할 것 없고 재앙이라 해도 슬퍼할 것이 없다. 기쁨을 잊었는데 무엇 때문에 허망하게 한 생각이라도 내어 그 복에 반연하려 하겠는가? 또 슬픔도 잊었기에 차라리 죽을지언정 억지로 속임수나 계책을 늘어놓으며 재앙을 피하려 하지는 않는다. 더러는 구차하게 구하여 얻기도 하고, 구차하게 피하여 면한 자들도 있긴 하다. 그러나 이도 한 번 정해진 업으로서 당연한 것이지 우연히 구해서 그렇게 된 것은 아니다.

구차한 짓이 쓸모없다는 것을 안다면 복을 좇고 재앙을 피하려는 생각은 저절로 없어진다. 사념[念] 자체가 공(空)해지면 간직한 마음자리도 공해져 도에 회합한다. 불조 성현의 해탈한 방법이 모두 여기에서 벗어나지 않는다.

 일부러 조작하는 것이 없이 일을 해나간다면 이(理)[1]는 저절로 빼어나게 되고, 사(事)[2]는 자연히 수승해진다. 이(理)가 빼어나고 사(事)가 수승해지면 온 법계(法界) 안의 한 티끌이라도 나의 장엄한 세계에 있지 않은 것이 없다. 이것을 뚜렷하게 알지 못하는 사람은 사랑과 증오가 그의 알음알이를 결박하고, 좋은 것을 갖고 싫은 것을 버리려는 망상에 어지럽혀진다.

 그리하여 모든 괴로움의 인연과 함께 미래로 들어가 혹독한 고초를 받으면서도 정해진 분수의 업이 한결같이 자기에게서 나왔다는 것을 끝내 깨닫지 못하니, 정말이지 민망한 일이 아닐 수 없다. 토지가 비옥하면 심어진 곡식이 반드시 풍성해지고, 샘이 깊으면 물이 마르지 않으며, 저축한 것이 많으면 살림살이가 풍족해지듯이, 인(因)이 원만하면 그에 따르는 과(果)도 반드시 원만해진다. 이는 천하고금의 변함없는 진리이다.

 성인은 오랜 세월 동안 공덕을 쌓고 온갖 수행을 닦아 한량없는 신명(身命)을 다해 헤아리기조차 어려운 법재(法財)를 모았다. 모든 복이 빈틈없이 구족하였고, 만 가지 덕은 원만하여 세간이나 출세간에서 훤칠하여 빠지거나 부족한 것이 없다. 그 베푸는 것이 마치 봄이 돌아온 것 같고 달이 천 개의 강에 나타나듯이, 한다는 생각 없이 하고 온다는 약속 없이 오는 것이다. 대체로 축적된 인(因)이 원만하기 때문에 그에 따르는 과(果)도 이렇듯 원만한 것이다.

나는 일찍이 가람(伽藍)³을 건립하고 탑묘(塔廟)⁴를 세우는 자를 자세히 관찰한 적이 있다. 혹시라도 사방에서 찾아오는 사람이 많지 않거나 그 형세가 미약할 경우는 많은 재물로써 일을 성취하고, 방편으로써 구하며, 교묘한 계책을 꾸몄다. 심지어는 세력을 동원하는 경우도 있었는데, 모두가 보리(菩提)의 뜻에 위배되는 것이었다. 가람을 건립해도 깨달음과 상응하지 못할 경우는 불법에 아무런 이익도 없고, 공덕도 없으며, 남을 이롭게 하는 선행도 없다.
　이것은 허망한 업을 좇아 잘난 체 하는 생각의 바탕이 될 뿐, 보살이 행할 바는 아니다. 보살이 원만한 깨달음을 위한 수행을 할 때, 혹은 가람·탑묘를 건립하는데 제대로 돌아가지 않거나 부족한 경우를 만나면, 근본 인(因)이 부족한 것을 반성하고 정근(精勤)을 가다듬어 고행을 닦는다. 이렇게 해서 반드시 깨달음의 수승한 행이 만족하기를 기다린다. 시주 단월(檀越)⁵들이 지녔던 재물을 헌납하면서도 그것을 받아주지 않을까 염려하게 되면 시주하는 사람 쪽으로는 보시바라밀(布施波羅蜜)이 이뤄지고, 스님에게는 원만한 깨달음이 이뤄진다.
　어떤 사람이 말하였다.
　"가람과 탑묘를 건립하는 방법이 빈틈이 없고 완벽하지 못할 경우, 교묘한 재주를 동원한다거나 세력으로 해결하는 것은 원래 하지 말아야 할 짓이라 하겠습니다. 그러나 많은 재물을 가지고 일을 성취하는 경우야 어찌 이치에 어긋나겠습니까?"

내가 이에 대답하였다.

"도인(道人)이 가람과 탑묘를 건립할 경우는 자신이 도를 먼저 수행한 뒤에 중생들을 이롭게 하려고 합니다. 중생들을 이롭게 한다는 것은 반드시 나의 원만한 깨달음의 위치에서 균등하게 실천해야 합니다. 중생들은 탐심이 쌓여서 모든 괴로움을 다 받습니다. 재물이 많으면 많을수록 탐심은 더욱 심해서 중생들을 더더욱 괴롭게 만듭니다. 자신의 재산을 헌납하면서도 받아주지 않을까 염려하는 사람과 그를 비교한다면, 하늘과 땅 차이입니다."

주
:

1   이(理) : 사(事)에 상대되는 용어이다. 보편 평등한 진여를 말한다.
2   사(事) : 이(理)에 상대되는 용어이다. 갖가지로 차별되는 현상계를 말한다.
3   가람(伽藍) : 범어 saṅghārāma의 음역인 승가람(僧伽藍)의 준말로서 중원(衆園)이라 번역한다. 보통 사찰을 통칭하는 말로 쓰인다.
4   탑묘(塔廟) : 탑은 범어 stupa의 음역인 탑파(塔婆)의 준말이고, 묘는 그 번역이다.
5   단월(檀越) : 범어 dānapati의 음역으로 시주(施主)라고 번역한다. 보시를 행하는 사람을 가리킨다.

# 09

## 모든 곳에 도가 있다는 뜻은 무엇인가?

●

　동산연(東山演, 1024~1104)[1] 스님께서는 "모든 곳에 도가 존재한다."[2]는 말씀을 하셨다. 그러자 어떤 사람은 이에 대해 말하기를, "모든 곳이란 바로 만사(萬事)며 만법(萬法)입니다. 또 세간의 사법(事法)과 출세간의 지극한 도(道)는 서로 표리 관계를 이루는 하나입니다. 그런데도 굳이 '존재'한다고 말한다면 군더더기가 아니겠습니까?" 하였다.

　내가 대답하였다.

　"그대는 무슨 말을 그리도 쉽게 하십니까? 동산연 스님께서 존재한다고 말씀한 이유는 서로 섞여서 간격이 없도록 하기 위해서입니다. 만일 존재하는 것이 아니라면, 모든 허망한 차별은 바로 그것 때문에 일어나는 것입니다. 일상생활로 말하자면 '모든 곳'이란 옷을 입고 밥을 먹는 것까지 모두 포함합니다.

지혜로운 사람은 옷을 입을 때 몸 전체가 도라고는 생각할지언정 실오라기가 옷이 되었다고는 생각하지 않습니다. 또 지혜로운 사람은 밥을 먹을 때 입에 가득한 것이 도라고는 생각할지언정 곡식의 알맹이가 밥이 되었다고는 생각하지 않습니다. 그 밖의 갖가지 경우에도 어느 것도 도와 일체가 되지 않는 것이 하나도 없습니다. 도와 일체가 된다는 참뜻이 분명하면 존재한다는 말의 의미를 알 수 있을 것입니다.

그러나 깨닫지 못한 사람은 이와는 반대입니다. 옷을 입을 때도 그것이 도인 줄을 알지 못할 뿐 아니라 옷에 대해 알음알이를 일으켜 허망한 짓을 하여 갖가지 분별을 짓습니다. 분별에 빠지게 되면 생사에 끝없이 묶여 버리고 맙니다.

'모든 곳에 도가 존재한다' 할 때 이 존재의 뜻에는 두 종류가 있습니다. 즉 세상물정에 섞여서 존재한다는 뜻도 있으며, 그저 자기의 수행만 굳건히 존재한다는 뜻도 있습니다. 깨달아 통달한 사람들은 혼합되어 하나라는 말은 하지만 실제로 혼합되어 하나인 그것이 참으로 존재하는 것이라는 사실조차 모릅니다.

배우는 사람들은 그저 자기의 수행만 굳건히 지킴으로써 존재하는 것입니다. '자기 수행만을 굳건히 지킨다'는 뜻은 순수한 정념(正念)으로써 배워야 할 도를 생각하여 범부와 성인을 떠나고, 증오와 사랑을 끊고 부지런히 수행하여 잠시도 잊지 않는 것입니다. 이것은 마치 지중한 보배를 손에 잡듯이, 봄날 살얼음을 밟듯이 더욱 굳게 조심하고 신중히 발걸음을 떼 놓는 것입니다. 홀연히 깨달아 내가 도를 닦노라 하는 생각과 또 닦아야 할 도가 존재한다는 생각을 돌이켜 관찰해 보면, 그것들은 모두 일정한 본체가 없습니다. 종일토록 분명하게 작용한다 해도, 억지로 하려 해서 그렇게 된 것은 아닙니다."

주
:

1   동산연 : 오조법연(五祖法演)을 가리킨다. 송대 임제종 양기파(楊岐派) 스님으로 속성은 등(鄧) 씨이며, 면주(綿州) 출신으로 35세에 출가하여 수계하였다. 혜림종본(慧林宗本)에게 배우고 나서 부산법원(浮山法遠)을 만나 그의 법을 이어받고 기주(蘄州) 황매산(黃梅山)에 머물렀다. 황매산은 현의 경계에 동쪽에 있기 때문에 동산(東山)이라고도 하고 오조홍인(五祖弘忍) 스님이 머물며 법을 펼쳤기 때문에 오조산(五祖山)이라고 부른다. 오조법연 문하의 3걸(三傑)인 원오극근(圜悟克勤)·태평혜근(太平惠懃)·용문청원(龍門淸遠)을 일컬어 '오조삼불(五祖三佛)'이라고 한다. 저술로는 『오조법연선사어록(五祖法演禪師語錄)』 4권이 있다. 세수 80세에 입적하였다.

2   원문은 "萬般存此道."이다. '백운산으로 거처를 옮기고 선원에 들어와 소임을 사는 두어 명에게 보임(遷住白雲入院後示二三執事)'이라는 제목의 시에 나온다. 참고로 시 전문을 인용하면 다음과 같다. 『법연선사어록(法演禪師語錄)』, T47-666c.

| 산을 오를 땐 지팡이를 짚어야 하고 | 登山須拄杖 |
| 물을 건널 땐 배로 다녀야 하네 | 渡水要行船 |
| 객이 왔을 때 웃는 얼굴로 맞아들이면 | 有客開顔笑 |
| 근심 없이 다리 펴고 잠들 수 있으리라 | 無愁展脚眠 |
| 모든 곳에 도가 존재하나니 | 萬般存此道 |
| 한결같은 맛으로 과거의 인연을 믿어라 | 一味信前緣 |
| 시험 삼아 홍진 속에서 비교해보라 | 試比紅塵裏 |
| 그 청허함이 몇 전이나 되는지 | 淸虛直幾錢 |

# 10

## 인연이란 무엇인가?

　옛날 가르침에 "사람에게 인연이 있으면 쉽게 믿고, 법에 인연이 있으면 쉽게 깨달음에 들어간다."[1]고 하였다. 여기서 인연이란 무엇인가 하면, 오랜 겁 동안 심었던 인(因)이 금일에 감응하는 것이다. 연을 만남은 불조 성현도 피하고자 했으나 피하지 못했다. 더구나 나머지 중생들은 더 말할 나위도 없을 것이다.

　그러므로 동산연 스님께서는 "한결같은 맛으로 과거의 인연을 믿으리라."[2]는 훌륭한 훈계를 남겼다. 여기서 믿음은 순종을 뜻하는 것으로서, 바르게 순종하며 흘러넘치지 않는 것을 말한다. 자신으로부터 감응하여 나타나는 것을 업(業)이라 하고, 다른 것으로부터 감응하여 나타나는 것을 연(緣)이라 한다. 깨달은 사람은 한 과보(果報)의 연이 성숙되었다는 것을 알고 그 연을 떠나거나 얻거나

간에 기쁨과 슬픔에 전혀 관계하지 않는다. 그러나 이 도리를 모르는 사람은 좋으면 경솔하게 얼른 가지려 하고, 싫으면 경솔하게 얼른 버리려고 한다. 그러다가 얼른 가지려는 욕심이 이루어지면 금세 뽐내고 과시하다가, 얼른 버리려는 욕심이 이루어지지 않으면 탄식과 원망을 그치지 않는다.

보연(報緣)이 한번 정해지면 구차히 피하려 해도 소용이 없다는 사실을 확실히 알게 되면, 종신토록 좋아하는 것을 가졌다고 해도 더 기뻐하지도 않고 죽도록 싫어하는 것을 만난다 해도 더 노여워하지도 않는다. 경전에 미운 사람을 만나는 고통[怨憎會苦]과 사랑하는 사람과 헤어지는 고통[愛別離苦]에 대한 말씀이 있다. 여기서 말한 괴로움이란 과거의 연(緣)을 따르려 하지 않기 때문에 스스로 받는 것이다. 가령 과거의 연이 당연히 그러리라는 것을 알고 바르게 순종했다면 괴로움이 침투할 틈이 없다. 이것은 세간의 모습으로는 바꿀 수 없는 연이다. 도인은 출세간의 종지를 탐구하는 사람이므로 본래 보연으로 따질 것은 못 된다. 그러나 추리해 보면 보연에 관계되지 않은 것이 없다.

옛날에 하나를 듣고 열을 깨달아 대총지(大總持)를 갖춘 사람이 있었는데, 이것은 오랜 세월 동안 보리도(菩提道)의 연(緣)이 있어서 그렇게 된 것이다. 겨자와 바늘이 서로 투합[鍼芥相投][3]하듯 오랫동안 잊었던 것이 갑자기 기억나, 알음알이를 굴리지 않고 즉시에 통달한 것이다. 또는 스승과 제자의 보연이 성숙되어 그 음성을 듣거나 용모만 바라보아도, 방편을 자세히 베풀지 않더라도 단박에 종지를 깨닫기도 한다. 더러는 종신토록 배워도 깨닫지 못하는 자가 있는데, 이것은 숙세의 연이 아직 성숙되지 않았기 때문이다. 연이 성숙되지 않았는데도 억지로 깨닫기를 바란다면 어린아이들에게 어른의 일을 대신하게 하는 것과 같다. 어찌 이것을 바른 이치라 하겠는가?

보연에 순종해야 한다는 것을 알고 힘써 노력하고 부지런히 정진하여 오래도록 물러나지 않는다면, 하루아침에 힘센 장사가 남의 도움 없이 팔을 굽히듯이 스스로 깨달을 것이다. 이것도 역시 보연이 아니겠는가!

주
:

1 원문은 "於人有緣則易信, 於法有緣則易入."이다. 규봉종밀(圭峰宗密, 780~841)이 『원각경』을 주석한 『원각경약소(圓覺經略疏)』 권상, T39-525a에 "중생이 바로 부처라는 것을 아는 이 드물고, 알아도 믿는 이 적으며, 믿어도 이해하는 이 거의 없다(衆生即佛, 人罕能知, 知而寡信, 信而鮮解)."는 구절이 있다. 『원각경약소』에 대한 규봉종밀의 주석서 『원각경대소석의초(圓覺經大疏釋義鈔)』 권2, X-488c에서 이 구절을 풀이하고 있

는데 본문의 "사람에게 인연이 있으면…"은 여기에 등장한다. 인용하면 다음과 같다. "『소』에서 '중생이 바로 부처' 이하는 핵심을 드러낸 것이다. … 인연은 사람에 속하고 종성은 법에 속한다. 이러한 인연과 종성에 의지하여 4구가 이루어진다. 인연은 있고 종성은 없는 경우 등이다. 사람에게 인연이 있으면 쉽게 믿고, 법에 종성이 있으면 쉽게 이해한다. 또한 쉽게 믿는 것과 통한다. 나머지 구절은 알 수 있을 것이다(疏衆生即佛下, 二顯要也. … 然緣則屬人, 種則屬法. 由此緣種, 應成四句. 謂有緣無種等. 於人有緣則易信, 於法有種則易解. 亦通易信. 餘句可知.)."

2　원문은 "一味信前緣."이다. 오조 법연선사의 게송에 나오는 구절이다. 『법연선사어록(法演禪師語錄)』, T47-666c.
3　침개상투(鍼芥相投)는 침개상투(針芥相投)로도 쓴다. 바늘을 땅에 꽂아 놓고 천상(天上)에서 겨자씨를 던졌을 때 그 바늘 끝에 겨자씨가 적중하는 것처럼 매우 만나기가 어려운 인연을 비유하는 말이다. 『대반열반경』 권2, T12-372c에서 부처님께 마지막 공양을 올린 춘다의 게송에 나온다. "부처님 나시는 일은 겨자씨 던져 바늘 끝 맞추는 것보다 더 어려운데 나는 이미 보시로 인간과 천상의 생사 건넜다네. … 사람으로 태어나는 일도 어렵지만 부처님 만나기는 더욱 어려워 큰 바다의 눈먼 거북이 나무 구멍 만나기보다 어렵다네. 내가 지금 바치는 이 음식으로 더 없는 좋은 과보 얻기를 원합니다(芥子投針鋒, 佛出難於是, 我以具足檀, 度人天生死. … 生世為人難, 值佛世亦難, 猶如大海中, 盲龜遇浮孔. 我今所奉食, 願得無上報)."

# 11

## 근본적인 수행의
## 태도는 무엇인가?

●

 살림살이를 하는 목적은 재물을 모으는 것이고, 몸을 섭생하는 목적은 원기(元氣)를 기르는 데에 있다. 세상에는 근본을 튼튼하게 하지 않고 겉모양만 꾸미는 사람이 있는데, 이것은 소용없게 되거나 망치지 않는 경우가 없다.
 이웃집에 두 명의 아들이 있다고 하자. 한 사람은 건강하여 천근을 들어도 무거운 줄 모르고 하루 종일 일을 해도 피곤한 줄을 몰랐다. 그런데 다른 한 사람은 초췌하고 연약하여 일년내내 병석에 누워 있었다. 우연히도 의사가 두 사람의 맥을 짚었다. 그런데 놀랍게도 의사는 건강한 사람에게 말하기를, "시맥(屍脈)을 범하면서 일을 하였으니, 몸은 비록 건장하나 맥이 병들어 머지않아 죽을 것입니다." 하였고, 초췌하고 연약한 사람에게는, "6맥(六脈)[1]이

화평해서 비록 몸은 병들었어도 맥이 건강하므로 곧 원래대로 회복될 것입니다."라고 하였다. 그랬더니 오래지 않아 과연 의사의 말처럼 되었다. 몸의 편안함과 위태로움은 맥에 달려 있고, 맥의 상태는 원기에 의해 좌우된다. 따라서 근본을 조심해야 한다.

내가 관찰해 보건대, 교종(敎宗)·선종(禪宗)·율종(律宗)의 세 종파가 도량을 세우고 전원(田園)을 모은 것은 마치 강한 나의 신체와 같다고 할 수 있다. 그러나 계·정·혜의 세 무루학(無漏學)이 바로 나의 맥이라는 것은 알지 못한다. 혼자 가만히 채찍질하고 은밀하게 단련하여 굳게 지키고 힘써 실천하지 않으면 우리의 맥은 머지 않아 병들 것이다.

옛날 우리 불교가 3무1종(三武一宗)의 폐불(廢佛)[2] 사건을 만났던 것은 내 몸이 병든 것에 비유할 수 있다. 그러다가 이윽고 계·정·혜의 근본 맥이 뛰게 되자 살아날 가망이 생겼다. 그 뒤 오래지 않아서 병은 사라지고 몸은 더욱 건강해졌다. 이것은 근본이 견고했던 것을 증험한 사실이다.

아아! 그 근본을 견고하게 하려고 하지 않는 자는 외호(外護)의 힘을 빌려야 한다고 말하기도 한다. 또 거기에 문채(文彩)를 더하여 수식(修飾)까지 하지만, 이것은 맥과 원기가 깎이고 상하면 생명이 오래 가지 못한다는 사실을 모르는 짓이다. 또한 이것은 재앙이 어느 날 갑자기 닥치면 뒷일을 예측할 수 없음을 모르는 짓이다. 이것이야말로 매우 두려운 일이 아닐 수 없다.

어떤 한 사나이가 100묘(畝)[3]의 전답을 경작하면서 다른 사람들의 협조를 구했다. 세상에서는 이것을 반공(伴工)이라 부른다. 상대방이 내 농사일을 돕는 것은 쉽지만, 내가 보답하는 것은 매우 어렵다. 훗날 보답하기가 어려움을 두려워한다면 먼저 쉽게 도움을 구하지 말아야 한다. 옛 사람들은 말하기를, "급히 길러낸 인물은 반드시 요절하고, 급히 쌓은 공로는 반드시 쉽게 무너진다."[4]고 하였다. 천하의 일이란 게 처음이 쉽지 않으면 뒤에는 그렇게 어렵지 않지만 처음에 어려움이 없으면 나중에는 오히려 처음처럼 쉽지 않게 된다.

그러므로 맹자(孟子)는 "하늘이 이 사람에게 중대한 책임을 내리려면 반드시 먼저 그 사람의 심지(心志)를 괴롭히고, 그 근육과 뼈를 수고롭게 하며, 그 몸과 살을 굶주리게 한다."[5]고 하였다. 어려움과 쉬움을 분명히 말하지는 않았지만 어려움과 쉬움의 이치는 저절로 드러났다고 하겠다.

그러나 이 이치에 어두운 사람은 쉬운 쪽을 추구할 뿐, 일에 임할 때 경중(輕重)의 구분이 없다. 그런 사람은 쉽고 간단한 것만 약삭빠르게 하려 한다. 그리고는 성공을 하게 되면 마음에는 승리감이 넘치고 얼굴에는 기쁨이 가득하게 된다. 그러다가 어느 날 갑자기 쉬운 일은 없어지고 어려운 일을 만나면, 그 괴로움을 견디지 못해 의롭지 못한 행동에 쉽게 빠진다. 그러나 이치에 통달한 인재는 보통 사람의 행동과는 다르다.

비록 어렵더라도 순순히 받아들이고, 쉬운 일도 조심해서 처리한다. 쉬운 일을 조심해서 할 수 있다면 구차하게 얻겠다는 얼굴을 할 필요도 없으며, 어려움도 순수하게 받아들인다면 피하려 괴로운 몸짓을 할 필요도 없으리라. 나의 천진한 성품이 희로득실(喜怒得失)에 혼란되지 않으면 도는 그 가운데 있게 마련이다.

그러므로 노자(老子)는 말하기를, "쉬움이 많으면 반드시 어려움이 많다."[6]고 하였다. 그러나 세상 사람들은 쉬운 것만 숭상하고 어려운 것은 등지는 경우가 많다. 혹 보를 받는다는 이치가 없다면 성인의 말씀도 모두 헛소리가 될 것이다. 깊이 생각하고 생각해야 한다.

주
:

1 6맥(六脈) : 사람의 몸에서 맥을 분명히 느낄 수 있는 곳은 목 동맥과 손과 팔이 만나는 관절 부분에 자리 잡고 있는 요골동맥(橈骨動脈)이다. 특히 이 요골동맥을 흔히 맥이라고 부르는데 엄지손가락 쪽 팔목 굽어지는 곳에서 자기 손가락 한두 개의 폭과 거의 같은 자리에서 찾을 수 있다. 이곳을 다시 '촌(寸)', '관(關)', '척(尺)'의 세 부위로 나누어 오른쪽과 왼쪽을 합해서 6맥으로 삼는다. 또는 맥의 종류인 부(浮)·침(沈)·허(虛)·실(實)·삭(數)·지(遲)의 여섯 가지를 가리키기도 한다.

2 3무1종(三武一宗)의 폐불(廢佛) : 북위(北魏)의 태무제(太武帝, 46), 북주(北周)의 무제(武帝, 574), 당(唐)의 무종(武宗, 834), 후주(後周)의 세종(世宗, 955) 때 일어난 폐불사태를 말한다.

3 묘(畝) : 무라고도 읽는다. 논밭이나 집터 따위의 면적 단위로서 중국 상고시대에는 사방 6척을 1보(步), 100보를 1묘(畝)라 하고, 진(秦) 이후는 240보를 1묘로 하였다. 현재 1묘는 1단(段)의 10분의 1, 곧 30평으로 약 99.174$m^2$에 해당한다. 1단은 1정(町)의 10분의 1이다. 결국 본문의 100묘는 1정으로 3,000평, 약 9,917.4$m^2$이다.

4 『선림보훈(禪林寶訓)』에 의하면 『영원습유(靈源拾遺)』에 수록된 내용으로 홍영소무(洪英邵武, 1012~1070) 스님이 진정극문(眞淨克文, 1025~1102) 스님에게 한 말씀이라 한다. "급히 길러낸 인물은 반드시 요절하고, 급히 쌓은 공로는 반드시 쉽게 무너지니 먼 앞날을 내다보지 않고 계획하여 갑자기 만들어 낸 일은 모두가 원대한 일의 밑천이 될 수 없다. 자연은 가장 신령스럽지만 그래도 3년마다 한 번씩은 윤달이 끼어야 조화신공(造化神功)을 완수할 수 있다. 하물며 무상대도(無上大道)의 오묘함을 어떻게 급히 서둘러 이룰 수 있겠는가. 요컨대 공부를 축적하고 덕을 쌓아 가는 데에 있는 것이다(物暴長者必夭折, 功速成者必易壞, 不推久長之計, 而造卒成之功, 皆非遠大之資. 夫天地最靈, 猶三載再閏, 乃成其功備其化. 況大道之妙,

豈倉卒而能辦哉. 要在積功累德.)."『선림보훈(禪林寶訓)』권1, T48-1021c.

5　원문은 "天將降大任於是人也, 必先苦其心志, 勞其筋骨, 餓其體膚."이다.『맹자』「고자장구하(告子章句下)」제15장.

6　원문은 "多易必多難."이다.『노자』63장의 말씀으로 앞뒤 구절을 인용하면 다음과 같다. "무릇 가볍게 수락하는 사람은 반드시 믿음성이 없는 법이고 너무 쉽다고 생각하는 사람은 반드시 어려운 일을 맞게 마련이다. 그러므로 성인이라도 일을 어려운 것으로 여기는 것이다. 그러기 때문에 끝에 가서 어려운 일이 없게 되는 것이다(夫輕諾必寡信, 多易必多難, 是以聖人猶難之, 故終無難矣)."

## 12

## 불법에 깊고 얕음이 있는가?

　고창(高昌) 땅에 살던 한 장자(長者)는 평소에 도를 닦을 뜻이 있었다. 귀한 벼슬에 올라서도 성내거나 노한 얼굴을 전혀 보이질 않았다. 하루는 그 장자가 내게 말하였다.
　"불법(佛法)에는 두 가지 길이 있는데, 곧 얕음과 깊음이 있습니다. 그 심오한 것에 대해서는 속인(俗人)이 본래 알 수 없겠으나, 얕은 것에 대해서는 일찍부터 박식하게 듣고 익숙하게 이해했습니다. 그러나 유독 이 마음은 듣고 보았던 것과는 서로 달라서 스스로를 책망하지 않을 수 없습니다."
　그래서 내가 그에게 물었다.
　"불법은 광대하여 온 세계에 두루하므로 부처님과 조사라 해도 이것을 바로 보지 못합니다. 그대는 어떤 사람이기에 도의 깊고 얕음에 대해 말하십니까?"

그러자 그 장자가 말했다.

"심식(心識)의 참뜻과 경관(境觀)의 차별과 깨달은 이치의 잘잘못과 계를 잘 지키고 못 지키고 등이 모두 불법의 심오함입니다. 가령 세간의 재물은 독사보다 해로워 선근(善根)을 손상시키고 괴로움의 근본을 자라게 한다고 말한 것은 불법의 얕은 것입니다. 최초에 입도(入道)하면서부터 여러 스님들의 문전을 편력하였습니다. 그런데 한 사람도 이처럼 가르치지 않는 분이 없었습니다. 그러나 평소 세간의 재물을 생각하면 하찮게 보아 왔습니다만 은혜를 베풀어 주기를 바라는 자가 문 앞에 와서 재물을 달라고 할 때, 마침 가지고 있어서 그에게 주려 하면 인색하게 아끼고 탐내는 감정이 눈앞에 엇갈렸습니다.

이것은 재물을 축적하는 것이 자기에게 금지되었다고 해서 남도 재물을 갖지 못하게 하는 심보일 것입니다. 그리고는 스스로 '그대에게 재물을 보시하는 것은 번뇌를 보시하는 것이므로 재물을 주지 않는 것이 그대를 독사의 구덩이에서 구해 주는 것이다'라고 생각했습니다. 어느 모로 생각해 봐도 끝내 비루하고 인색한 마음을 버리지 못한 것입니다.

그러다가 문득 깨달은 바가 있습니다. 제가 평소 듣고 이해했던 것은 거짓 마음이었으며, 인색하게 아끼고 애석해하는 것이 저의 솔직한 감정이었던 것입니다. 진솔한 감정은 겉으로 보아서는 알 수 없습니다. 마음의 밑바닥에 들어 있어 철저히 깨달아 그 밑바닥을 털끝만큼의 찌꺼기도 없이 뒤집어 버리지 않으면 잠깐 사이에 다시 눈앞에 나타납니다. 비록 갖가지로 오묘하게 이해했다고 해도 신을 신고 그 위를 긁는 것[隔靴抓癢]과 다를 바 없습니다. 덧없는 생사를 생각하는 것은 참된 마음이며, 들뜬 알음알이와 거짓 이해는 반드시 버려야 할 것입니다."

# 13

## 시비를 따지는
## 이유가 무엇인가?

●

"아무리 작은 털끝을 볼 수 있는 사람이라도 자기의 눈이 깜짝거리는 것은 스스로 보지 못하며, 천근의 무게를 드는 사람도 자기 몸은 들지 못한다."[1]

옛 사람의 이 비유는 다른 사람의 잘잘못을 따지는 것은 쉽지만 자기 자신의 잘못을 인정하는 데는 어두운 폐단을 잘 말해주는 말이다. 도반들과 이 문제를 의논했는데, 손님 중에 그때의 그 문제를 장황하게 늘어놓으면서 탄식하며 상을 찌푸리는 자가 있었다. 그리고는 이런 질문을 하였다.

"인심은 옛날 같지 않고 세상의 도덕은 날로 문란해져 갑니다. 3백이나 5백씩 대중을 모아 큰 건물을 짓고 예의를 극진히 하여 일사일언도 틀리지 않으며 서로 완전히 조화롭게 살아가는 곳은 많습니다. 그러나 자기의 주장대로 일이 되지 않거나 제가 주장하는 말에 대꾸하지 않으면 크게 분노하며 원수보다 더 심하게 굽니다. 그 많은 손님을 대하는 주지는 쩔쩔매며 뒷바라지를 하는데 그 모습은 마치 봄날 살얼음을 밟듯, 호랑이 꼬리를 밟듯 조심합니다. 이렇게 해서야 어디 해탈을 기대할 수 있겠습니까? 돌이켜보면 옛날 총림에서는 윗사람과 아랫사람이 서로에게 간섭을 하지 않았습니다. 그러나 그런 여풍(餘風)[2]을 지금에 와서는 다시 보지 못하겠군요."

내가 대답했다.

"그대의 말은 지나치십니다. 그대는 다음과 같은 말을 듣지 못했습니까? 옛 가르침에 '사람에게 인연이 있으면 믿기 쉽고 법에 인연이 있으면 들어가기 쉽다'[3]고 하였습니다. 어떻게 고금(古今)과 정법(正法)·상법(像法)[4]의 구분이 있겠습니까? 가령 나에게 인연과 복이 없으면 수백 년 전 수행하던 대중과 함께 살더라도 옛 사람이 또한 지금 사람과 같을 것입니다. 인심은 좋고 나쁜 것이 없습니다. 좋고 나쁨은 단지 내 인연에 있을 뿐입니다. 나에게 인연과 복이 있으면 천마외도(天魔外道)라 해도 도리어 나를 보호하는 무리가 됩니다. 그러니 어떻게 순종하지 않을 재간이 있겠습니까? 이것을 두고 이른바 '인연을 만날 때 과보를 다시 직접 받으리라'[5]고 한 것입니다. 인심이 좋은 것도 과보이며, 그렇지 못한 것 또한 과보로서 모두가 자업(自業)이 빚어낸 것입니다. 어찌 다른 사람이 그렇게 만들 수 있겠습니까?"

그러자 객이 수긍하면서 물러갔다.

주
:

1 『선림보훈』 권2, T48-1026b에서 『진목집(眞牧集)』을 인용하여 불안청원(佛眼淸遠, 1067~1120) 스님이 고암(高庵)스님에게 한 말이라 하였다. "털 끝까지 보아내는 자도 자기 눈썹은 보지 못하며, 천 근을 드는 자라도 제 몸은 들지 못한다. 이는 마치 수행자가 다른 사람 책망하는 데는 밝으면서도 자기를 용서하는 잘못에는 어두운 것과 조금도 차이가 없다 (見秋毫之末者, 不自見其睫, 擧千鈞之重者, 不自擧其身. 猶學者, 明於責人, 昧於恕己者, 不少異也.)."
2 여풍(餘風) : 아직 남아 있는 풍습.
3 원문은 "於人有緣則易信 於法有緣則易入."이다. 규봉종밀의 『원각경대소석의초(圓覺經大疏釋義鈔)』 권2, X9-488c에서 인용한 것으로 추정되나 문장이 정확히 일치하지는 않는다. 참고로 인용하면 다음과 같다. "사람에게 인연이 있으면 믿기 쉽고 법에 선근 종자가 있으면 이해하기 쉽다(於人有緣則易信 於法有種則易解)."

4   정법(正法)·상법(像法) : 부처님께서 열반하신 뒤에 교법이 유행하는 시대를 정법시(正法時)·상법시(像法時)·말법시(末法時)로 분류하였다. 정법시는 교법과 수행과 증과(證果)가 완전한 시대이고, 상법시는 증과하는 이는 없으나 교법과 수행은 남아 있는 시대이며, 말법시는 교법만 있고 수행과 증과가 없는 시대를 말한다. 이 세 시대가 지나면 교법까지 없어지는 시기가 되는데, 이때를 법멸(法滅)시대라고 한다. 정법과 상법의 시기에 대해서는 정법 5백년 상법 1천년 설도 있고, 정법 1천년 상법 5백년 설도 있으며, 정법 1천년 상법 1천년 설도 있는 등 일정하지 않으나 흔히 마지막 설을 따른다.

5   원문은 "因緣會遇時 果報還自受."이다. 『대보적경(大寶積經)』 권57, T11-335b에 나오는 게송의 일부이다. 참고로 게송 전부를 소개하면 다음과 같다. "가령 백겁을 지난다 해도 지은 업은 사라지지 않나니 인연을 만날 때 과보를 다시 직접 받으리라(假使經百劫 所作業不亡 因緣會遇時 果報還自受)."

# 14

## 공(空) · 가(假) · 중(中) 3제(三諦)의 뜻은 무엇인가?

●

하나이면서 셋이니, 이것은 물·파도·얼음이 습성(濕性)을 벗어나지 않는 것과 같은 이치이다. 셋이면서 하나이니, 이것은 마치 금화·소반·비녀는 모두 금으로 만든 것과 같은 이치이다. 그것은 쓰임새에 따라 천차만별이지만 본체는 다를 바가 없다.

본체의 측면에서 사물의 작용을 관찰하기는 쉽지만 각각의 작용을 모두 합쳐 본체로 귀납하기는 어렵다. 모름지기 알아야 할 것은 본체는 작용하는 속에 있고 작용하는 속에서 본체를 찾을 수 있다. 만일 오묘하게 깨닫지 않고 알음알이로만 이해한다면 서로 맞아떨어지질 않는다. 그렇다면 여기서 말한 '셋'은 무슨 뜻이겠는가? 진제(眞諦)·속제(俗諦)·중도제일의제(中道第一義諦)[1]이다. 그렇다면 '하나'는 무엇인가? 바로 그 사람의 본래 마음이다. '하나이면서 셋이다'라고 말하는 것은 이 마음이 곧 진제이기도 하고, 속제이기도 하고, 중도제일의제이기도 하다는 것이다. '셋이면서 하나다'고 한 말은 진제·속제·중도제일의제가 모두 자기 마음의 현량(現量)[2]이 변현(變現)해 낸 것이라는 의미이다.

형계(荊溪, 711~782)[3] 스님께서는, "진제는 모든 법을 부정하고, 속제는 모든 법을 긍정하며, 중도제일의제는 모든 법을 회통한다."고 하였다. 그러므로 옛 가르침에도 "이치로는 본래 진제와 속제 둘이지만 깨닫고 보면 본래는 항상 하나이다."[4]라고 했던 것이다.

현수(賢首, 643~712)[5] 스님이 말한 4구(四句)의 게송에도 "진제를 의지하여 속제로 들어감이 1구이고, 속제를 따라 진제에 회합하는 것이 1구이며, 진제이니 속제이니 하는 구별을 버리고 중도제일의제에 들어가는 것이 1구이고, 중도제일의제에 상즉하여 진제·속제를 모두 수용하는 것이 1구이다."라고 한 것이다.

천태(天台, 538~597)[6] 스님도 말하기를, "진제는 독립적으로 진제가 아니라 속제에 대한 상대 개념으로서 진제이다. 속제 또한 독립적으로 속제가 아니라 진제에 대한 상대 개념으로서 속제인 것이다. 중도제일의제 역시 독립적으로 중도제일의제가 아니다. 말하자면 진·속 2제(二諦)는 하나이면서 단독자가 아니고, 둘이면서도 개별적인 둘이 아니다. 서로를 드러내면서도 서로를 부정하여 상즉상융(相卽相融)한 중도제일의제가 되는 것이다."고 하였다.

또한 "공(空)이 절대 공[斷空]이라면 색(色)과 융합하지 못하고, 색이 절대 색[實色]이라면 공과 혼합하지 못한다. 절대라면 진정한 공이 될 수 없고, 절대라면 참된 색이 될 수 없다. 서로 두 극단에 서 있으나 완전한 중도이다. 이러한 심체(心體)를 잘 알지 못하는 사람은 진제를 마주하면 단견(斷見)[7]에 집착하고, 속제로 들어가면 상견(常見)[8]에 미혹된다. 두 견해가 독립적으로 존재하면 중도에서 어긋난다." 하였다.

이 말은 경학(經學)을 강론하는 자들이 일찍부터 주장하지 않은 것이 아니다. 그러나 주장은 했으면서도 실제 이치는 깨닫지 못했다. 그 까닭은 알음알이로 문자에 의지해 이해했을 뿐 오묘하게 깨닫지 못했기 때문이다. 오묘하게 깨닫지 못했기 때문에 주관·객관의 자취가 뚜렷하여 알음알이가 많아질수록 미혹의 정은 더욱 무거워진다.

이른바 '깨달음'이란 무엇을 두고 하는 말이겠는가? 그것은 이 한마음의 지극한 본체를 직접 보았다는 것이다. 그럼 '알음알이'란 무엇이겠는가? 그것은 3제(三諦)의 헛된 자취만을 마냥 연구하는 것이다. 깨달음은 알음알이와 다르고, 알음알이는 깨달음과 다르다. 깨달음의 본지는 마음으로는 통하지만 말로 의론할 수는 없는 것이다. 진실하게 참구한 사람은 이 점을 깊이 생각해야 한다. 학문으로 이해한 것이 설사 현묘하고 현묘하다 할지라도 신묘한 깨달음과는 견줄 수가 없다.

주
:

1 진제(眞諦)·속제(俗諦)·중도제일의제(中道第一義諦) : 진제는 진리, 속제는 세간 일반에서 인정하는 도리를 말한다. 인도불교에서는 진제와 속제의 두 가지 구분만 두어 진제를 제일의제라고도 하였으나 중국에 들어와 중도제일의제가 덧붙였다. 진제는 공(空)으로 속제는 가(假)로 파악하고 공과 가를 뛰어넘는 제3의 중도의 진리를 설정하여 중(中)이라고 하였다.
2 현량(現量) : 바깥 경계 대상을 그대로 인식하는 것을 말한다. 예를 들면, 맑은 거울이 어떤 형상이든 그대로 비치듯, 꽃은 꽃으로 보고, 노래는 노래로 듣고, 냄새는 냄새로 맡고, 매운 것은 매운 대로 맛보고, 굳은 것은 굳은 대로 느껴서, 조금도 분별하고 미루어 구하는 생각이 없는 것이다. 불교논리학의 세 가지 판단 기준인 현량(現量)·비량(比量)·비량(非量) 중의 하나이다.
3 형계(荊溪) : 당대(唐代) 스님으로 형계는 출신 지명이고 법명은 담연(湛然)이며, 묘락대사(妙樂大師)라고도 한다. 속성은 척(戚) 씨이다. 727년 금화의 방암(方巖)에게 지관(止觀)을 배우고, 20세 때 좌계현랑(左溪玄朗)에게 교관(敎觀)을 배운 다음, 38세에 출가하였다. 의흥 군산향 정락사(淨樂寺)에 가서 담일(曇一)에게 율장을 연구하고, 현랑 입적 후에는 교관을 다시 넓히기로 마음먹고 천태종의 제5세로서 종풍을 선양하였다. 주석(註釋)을 많이 지어 천태지의(天台智顗)의 주장을 기록하여 갖추지 못한 점은 보충하려고 노력하였으므로, 후세에 그를 기주(記主) 법사라 하였다. 송(宋) 개보(開寶) 때(968~976) 오월왕 전(錢) 씨가 원통(圓通) 존자라는 시호를 내렸다.
저서에 『법화현의석첨(法華玄義釋籤)』 10권·『법화문구기(法華文句記)』 13권·『지관보행전홍결(止觀輔行傳弘決)』 10권·『금비론(金錍論)』 3권·『지관대의(止觀大意)』 3권 등이 있다.

4 원문은 "於諦常自二. 於解常自一."이다. 『인왕경(仁王經)』 권상 「이제품(二諦品)」, T8-829a에 나온다. 제일의제 속에 속제가 들어가는지를 묻는 파사익왕의 질문에 부처님께서 답하시면서 소개한 과거 7불의 게송에 나오는 구절이다. 다만 경에는 "깨닫고 보면 본래 항상 하나이나 이치로는 항상 둘이다(於解常自一 於諦常自二)."로 순서가 바뀌어 있다.

5 현수(賢首) : 화엄종의 제3조로서 호는 향상(香象), 이름은 법장(法藏), 속성은 강(康) 씨이다. 17세에 태백산에 들어가 수년 동안 경론을 연구하고 다시 낙양 운화사에서 지엄(智儼)에게 『화엄경』을 들었다. 26세 때 지엄이 입적 후 그 법을 깊이 수호하였다. 28세에 칙명으로 출가하여 여러 번 『화엄경』을 강하였으며, 53세 때에 인도 스님 실차난타(實叉難陀)가 우전국에서 『화엄경』 범본(梵本)을 가지고 와서 번역할 때 그 필수(筆受)를 맡아 5년 만에 마쳤는데, 이것이 80권본 『화엄경』이다. 699년 10월 측천무후의 청으로 불수기사에서 새로 번역된 『화엄경』을 강하여, 현수라는 호를 받고, 이로부터 무후의 신임이 두터웠다. 화엄의 교리를 크게 밝히고, 화엄종의 조직적 체계를 이루어 놓았다.
저서로는 『화엄경탐현기(華嚴經探玄記)』 20권 · 『화엄오교장(華嚴五敎章)』 3권 · 『화엄지귀(華嚴旨歸)』 · 『유심법계기(遊心法界記)』 · 『금사자장(金獅子章)』 · 『망진환원관(妄盡還源觀)』 · 『기신론의기(起信論義記)』 등이 있다.

6 천태(天台) : 남북조 때 스님으로 천태종의 개조이다. 천태는 주석한 산의 이름이며 법명은 지의(智顗), 지자대사(智者大師)라고도 한다. 18세 때 출가하여 『열반경』, 『법화경』을 배우고, 560년 광주(光州) 대소산(大蘇山)에서 남악혜사(南嶽慧思)에게 배우며 법화삼매(法華三昧)의 체득에 전념하였다. 567년 남악(南嶽)으로 은퇴한 혜사와 헤어져 금릉(金陵)으로 와서 569년 와관사(瓦官寺)에 머물면서 『법화경』, 『대지도론(大智度論)』 등을 강의하며 선을 가르쳤다.
후세에 이 해를 천태 개종(開宗)의 원년으로 삼는다. 575년 절강성의 천태산(天台山)에 들어가 천태 교학을 확립하고, 후에 고향인 형주(荊州)에 옥천사(玉泉寺)를 창건하였으며 『법화현의(法華玄義)』 · 『법화문구(法華文

句)』·『마하지관(摩訶止觀)』을 강설하였다.

7 단견(斷見) : 인연 따라 생기고 사라지는 만물에 대해서 무상(無常)의 측면만 보고, 지속되는 것은 아무 것도 없이 공무(空無)로 돌아간다고 고집하는 그릇된 견해.

8 상견(常見) : 나고 사라지는 만물의 특성을 보지 않고 상주 불변한다고 고집하는 그릇된 견해.

# 15

## 애증심으로 도를 깨칠 수 있는가?

정(情)은 애(愛)와 증(憎) 때문에 생기고, 자취는 진(進)과 퇴(退) 때문에 생긴다. 바로 이 애증과 진퇴 때문에 인간이 생사에 유랑하며 3계(三界)에 윤회하게 된다. 그러나 이것은 세간을 초월하고 멀리 성도(聖道)에 계합하여 보리를 신속하게 증오(證悟)하는 첩경이기도 하다.

이미 '유랑'이라 해놓고서 '초월'이란 또 무슨 말인가? 성인께서 언교(言敎)를 통하여 알려주려 한 것은 두 가지이다. 하나는 도를 깨닫도록 한 것이고, 또 하나는 업에 얽매이는 이유를 밝히려 한 것이다.

사랑하는 마음[愛] 때문에 도를 깨달을 수 있다는 뜻은 공적인 재물을 아끼고 여러 사람을 아낀다는 말이다. 다시 말하면 상주물

(常住物)을 마치 자기의 눈을 보호하듯이 아끼는 것인데, 이것이 바로 공적인 재물을 아낀다는 뜻이다. 그래서 옛 가르침에도 "내가 많은 생을 통하여 깨닫기를 바랐던 까닭은 일체 중생을 구호하여 괴로운 생사윤회에서 벗어나게 하려고 그런 것이다." 하였으니, 이것이 바로 중생을 아끼는 것이다. 이렇게 아끼는 마음을 품게 되면 깨달음을 기약하지 않아도 자연히 깨닫게 된다.

사랑하는 마음 때문에 업에 얽매인다는 것은 자신을 아끼고 자기의 가까운 권속을 아낀다는 뜻이다. 자신을 아끼기 때문에 아첨·질투·반연·치달림·광망(狂妄)·전도(顚倒)가 마구 일어난다. 자기의 권속을 아끼는 데에는, 애지중지하여 그들을 영화롭고 명예롭게 하기 위해서라면 옳고 그른 것을 따지지 않고 마구 날뛴다. 이렇게 몰지각하게 권속을 아끼다 보면 생각마다 생사의 업습(業習)과 뒤얽혀 버리고 만다.

이와는 반대로 증오가 있어 깨달을 수 있다는 것은 자기를 책망하는 것이고, 자기의 가까운 권속 중에 올바른 수행을 하지 않는 자를 또한 책망하는 것이다. 자기를 책망하기 때문에 게을러서 그저 편함만 바라는 잘못이 있게 되면 스스로를 경책하고, 이 점을 뼈아프게 생각하며, 깊이 반성하여 고치고 후회한다. 그러니 무엇 때문에 따로 깨달으려는 노력이 필요하겠는가? 반면 자기의 잘못을 경책하는 정념(正念)을 버리는 경우 다른 사람의 잘잘못을 들춰내게 되고, 급기야는 분노가 가슴 속에 쌓이고 불만이 얼굴에 가득해진다. 이것이 바로 업에 얽매이는 것임은 말할 필요도 없다.

사랑과 증오의 도는 이와 같고, 진퇴의 이치 또한 이와 같다. 유가(儒家)에 전해 오는 "벼슬자리에 나아가면 충성을 다할 것을 생각하고, 벼슬에서 물러나면 자기의 허물을 보완할 것을 생각한다."[1]는 훈계가 있다. 우리 부처님의 가르침인들 어찌 그와 다르겠는가?

나아간다는 것에도 두 가지 뜻이 있다. 하나는 자기를 위해 나아가는 것이고, 또 하나는 타인을 위해 나아가는 것이다. 자기 자신을 위해서 나아가는 것은 깨달음을 위해 나아가는 것이다. 꾸준히 용맹스럽게 수행을 하고 계행을 낱낱이 지켜 아침에는 저녁이 빨리 올까 걱정하고 저녁에는 아침이 밝을까 걱정하듯 열심히 해야 한다. 또한 생각 생각에 머리의 불을 끄듯이 하여 잠시라도 잊어 버리려 하지 않아야 한다. 이것이 바로 자기를 위해 나아가는 것이다.

다른 사람을 위해 나아가는 것은 공무(公務)를 관장하고 방편을 행하는 것이다. 침식을 잊을 정도로 부지런히 하여 추위와 더위도 잊고, 털끝만치라도 다른 사람에게 이익이 된다면 반드시 실천하는 것을 말한다. 그런 사람은 감히 자기의 이익 때문에 공무를 태만히 하지 않는다. 이 경우를 두고 공직을 맡는 것이 도를 깨닫는 데 도움이 된다고 하는 것이다. 그래서 이것을 훌륭한 공직살이라고도 한다. 혹 그렇지 못한 사람은 명리를 구하는 마음을 허밍하게 일으켜 얼굴이 꺼멓게 되고 발에 못이 박히도록 숨 돌릴 겨를 없이 분주하기만 하다. 만일 무궁한 업에 얽매일 것을 생각지 않는다면 공직에 나갈수록 업에 더욱 얽히고 말 것이다.

공직에서 물러나는 것도 또한 두 종류가 있다. 숨어서 은둔하는 생활을 고상하게 여겨 도념(道念)을 오로지 지키는 부류가 있고, 조용하고 한가한 것을 숭상하며 세상을 업신여기는 부류가 있다. 이 두 부류를 모두 공직에서 물러났다고 한다. 그러나 진짜 물러나는 것과는 그 차이가 하늘과 땅만큼 크다.

정말로 타인을 위해 일할 만한 능력이 부족하고 세상을 교화할 만한 재능이 부족하다고 생각되어서 공직에서 물러나 은거해 열심히 도를 닦는 경우가 있다. 그런가 하면 자기의 수행을 마치지 못해 감히 세상일에 망령되이 간섭하지 않고 깊은 산 속에 은거하여 인적이 끊어진 곳에서 자신과 세상을 잊어버린 경우가 있다. 이런 물러남이야말로 비로소 도에 합치된다고 하겠다.

그러나 어떤 사람은 교제를 끊게 되면 구애를 받지 않아 먹고사는 것에 부족함이 없어 따로 세상에서 더 구할 것이 없다고 뽐내기도 한다. 따뜻한 옷에 배불리 먹으면서 제멋대로 지낸다. 그러면서도 스스로는 "속세를 끊었다."고 말한다. 높은 누각에 누워서 쓸데없는 이야기나 늘어놓으면서 도리어 대중들을 나무라고, 공적인 소임을 맡은 사람을 비웃기도 한다. 게으르면서도 부끄러운 줄을 모르고 자기가 여태껏 입은 은혜를 갚을 줄도 모른다. 이럴 경우 어찌 공직에서 물러나 도를 닦는 자라 할 수 있겠는가? 그러다 어느 날 문득 받은 인연[報緣]이 다한다면 앞으로 닥칠 업을 어찌 피하겠는가? 생사의 굴에 빠져들어 후회막급일 것이다.

애증과 진퇴의 이치는 흑백처럼 분명해서 깨닫는 쪽으로 가거나 아니면 번뇌의 업을 쌓는 쪽으로 가게 된다. 한 생각 어떻게 하느냐에 따라서 받는 과보는 엄청난 차이가 난다. 『능엄경(楞嚴經)』에서도 "너로 하여금 생사에 윤회하게 하고 근을 맺게 하는 것은 너의 6근(六根)일 뿐 다른 것이 아니다. 너로 하여금 안락과 해탈과 적정과 묘상(妙常)을 속히 증득하게 하는 것 역시 너의 6근일 뿐 다른 것이 아니다."[2]라고 하였다. 이것은 애증과 진퇴가 도에 합치될 수도, 업을 맺을 수도 있다는 것과 무엇이 다른 말이겠는가?

눈 밝은 납자들이여! 업의 결박이 깊지 않고 도가 멀리 떠나지 않았을 때, 용맹정진하여 별안간에 한 기연을 굴리고 일찌감치 깨치도록 노력하소서. 그렇지 않으면 백일청천에 걸핏하면 업의 결박을 만나게 되리니, 두려운 일이 아니겠는가!

주
:

1 원문은 "進思盡忠. 退思補過."이다. 『효경(孝經)』「사군장(事君章)」 17에 나오는 말씀이다. "공자께서 말씀하시기를, 군자가 임금을 섬기되 나아가서는 충성을 다할 것을 생각하며 물러가서는 허물이 기움을 생각하여 장차 그 아름다움에는 순종하고 그 악한 일에는 광구해 주는 고로 위와 아래가 능히 서로 친하나니, 『시경』에 이르기를, '마음에 사랑하거니 어찌 이르지 않으리오마는 마음 가운데에 저장하였으니 어느 날에 잊으리오'라고 하였다(子曰, 君子之事上也. 進思盡忠. 退思補過. 將順其美. 匡救其惡. 故上不能相親也. 詩云心乎愛矣遐不謂矣中心藏之何日忘之)."
2 『능엄경(楞嚴經)』 권5, T19-124c에 수록된 내용을 요약 발췌하여 인용한 것이다. 앞뒤 전문을 인용하면 다음과 같다. "아난아, 너로 하여금 생사에 윤회하게 하고 근을 맺게 하는 결박의 근본인 타고난 무명을 네가 알고 싶으냐? 너의 6근(六根)일 뿐 다른 것이 아니다. 너로 하여금 안락과 해탈과 적정과 묘상(妙常)을 속히 깨닫게 하는 무상보리를 네가 또 알고 싶으냐? 역시 너의 6근일 뿐 다른 것이 아니다(阿難汝欲識知俱生無明 使汝輪轉生死結根, 唯汝六根更無他物, 汝復欲知無上菩提, 令汝速登安樂解脫寂靜妙常, 亦汝六根更非他物)."

동어서화·하

## 01

## 불교의 비방에
## 어떻게 대처해야 하는가?

●

　창려(昌黎) 한유(韓愈, 768~824)[1]는 당나라의 유명한 유학자이다. 그는 석가모니 부처님의 가르침이 백성을 다스리는 데에 도움이 된다는 것을 모르고 많은 글을 발표하여 불교를 비난했다. 대전(大顚, 732~824)스님[2]이 그의 잘못을 강력하게 지적했는데도 한유는 여러 서적에서 헐뜯고 비난하는 얘기를 계속했다. 유자후(柳子厚, 773~819)[3]도 한유와 같은 시대 사람인데 문장으로써 당대를 울렸고 많은 조사들의 비문[碑碣][4]을 지어 불교를 세상에 드날렸다. 불교의 극치를 이룩하지는 못했으나 애초부터 한유가 불교를 헐뜯고 훼방했던 것을 본받지는 않았다.

　한편 송나라 때에 구양수(歐陽修, 1007~1072)[5]가 출현하여 한유의 문장을 본받아 『본론(本論)』[6]을 지어 "치면 더욱 굳어지고 때리면 더욱 치성해졌다."[7]고 하였다. 그러나 칠 수도 없고 때릴 수도 없는 큰 근본이 있다는 사실을 모르고 부질없고 흉흉한 말만 많아졌을 뿐이니, 이것이 우리 불교에 손해를 끼치기나 했겠는가?

이때 명교(明敎, 1007~1072)[8] 스님이 책[9]을 써서 한유의 배불론을 공격했다. 그러나 그 목적은 한유를 비판하려 한 것이 아니라 오히려 구양수의 잘못을 깨우쳐 주기 위해서였다. 후세에도 한유와 구양수를 본받아 불교를 비방하는 유생들이 상당히 많았다.

우리 불교의 스님들은 그들이 불교를 시기한다고 말하지만 그네들이 불교를 질투한 것이라기보다는 사실은 불교를 제대로 몰라서 그랬을 것이다. 가령 저들이 불교를 제대로 알았다면 불교를 외호하느라 짬도 없었을 것이다. 억지로 헐뜯고 비방하기는 했으나 어찌 그들인들 마음속에 부끄러움이 없었겠는가?

인과응보의 이론으로 따져보더라도 그 정도의 비방은 충분히 반박할 수 있다. 예를 들면 부처님께서는 제바달다가 나쁜 계략으로 당신을 죽이려는 위험을 여러 번 만났으나 마음이 조금도 흔들리지 않았다. 부처님은 이미 제바달다가 당신에게 숙세의 원한이 있었다는 것을 알았기 때문이다. 피할 수 없는 외나무다리에서 서로 만나더라도 과보가 다하면 다시는 이런 일이 없을 것이라고 조용히 관조하시며 마치 감로수를 마시듯이 그 고통을 달게 받으셨다. 그러니 어찌 마음이 흔들렸겠는가?

저 한유와 구양수가 불교를 비방한 것도 제바달다의 여한을 완전히 소멸시키지 못해 그런 것인 줄을 그 누가 알겠는가. 다만 정념(正念)을 굳건히 지니고 그저 제바달다의 여한이 완전히 사라지기를 기다린다면 귀를 거슬리게 하는 소리도 일부러 잦아들게 하지 않아도 저절로 사라지리라.

영가(永嘉, 665~713)스님은 말하기를, "저들이 비방하는 대로 내버려두어라. 허공을 불로 태우려는 것처럼 쓸데없이 자기 자신만을 피로하게 할 뿐이다."[10]라고 했다. 영가스님의 이 말씀이 참으로 옳기는 옳지만 '그대로 내버려두라'는 말씀은 마음에 뭔가 걸리는 것이 있는 듯하다. 영지원조(靈芝元照, 1048~1116)[11] 스님은 "문중자(文中子, 584~617)[12]께서 '어떻게 비방을 그치게 할까?' 하고는 '이러니저러니 따지지 말아야 한다'고 하셨는데 나는 항상 이 말씀을 받든다."[13]고 하셨다. 그러나 내 생각은 '따지지 말라'는 말과 '내버려두라'는 말은 그럴 듯하지만 잘못이라고 여겨진다. 『원각경』에서는, "내[我]가 공하다는 것을 알면 나를 훼방할 것이 없느니라."[14]고 했으므로 '저들이 비방하는 대로 그냥 두라'는 말과 '따지지 말라'는 얘기도 결국은 군더더기에 불과하다.

아, 슬프도다! 요즘 국가의 공론(公論)을 담당하는 자들은 근본은 따져보지도 않고 유생들이 불교를 이단이라고 배척하는 것만을 볼 뿐, 우리가 그들을 외도라고 비난하지 않는 것은 살피지 않는다 이것은 마치 시골 아낙네들이 싸리문을 붙잡고 서로 욕지거리하는 것과 다를 바가 없다. 이렇게 되어서야 어찌 무생자인(無生慈

忍)¹⁵의 힘과 인과응보의 원리를 세상에 드러낼 수 있겠는가?

　옛날에 어떤 임금이 술 취한 코끼리 오백 마리를 풀어놓아 부처님을 해치려고 했다. 그때 부처님께서 다섯 손가락을 세우시자 코끼리가 모두 길이 잘 든 듯이 엎드렸다. 바로 이때 아나율(阿那律) 존자는 부처님의 다섯 손가락 끝에서 각각 금빛사자가 나타난 것을 보았다. 이때 어느 제자가 부처님께 여쭈었다.

　"일찍이 듣자오니 부처님께서는 말씀하시기를, '이 몸은 헛된 꿈이므로 아끼고 좋아할 만한 것이 못 된다'고 하셨습니다. 그런데 지금 사자의 위엄을 나타내어 술 취한 코끼리의 위험을 막으시니, 그것은 헛된 몸을 아끼고 좋아하는 것이 아닙니까?"

　그러자 부처님께서 대답하셨다.

　"내가 어찌 코끼리를 막겠다는 마음이 있었겠느냐? 나는 다만 오랜 세월 동안 자인삼매(慈忍三昧)를 닦았을 뿐이다. 지금도 손가락을 세우고 이 자인삼매에 들어가 코끼리가 짓밟고 해치는 대로 두었으나, 나의 삼매의 힘이 성숙했기 때문에 바라지 않아도 사자의 위엄이 저절로 나타난 것이니라."

　부처님의 이 말씀을 가만히 새겨 보니, 이것이야말로 재난을 극복하고 남의 비방을 막는 최상의 방법이다. 재앙을 막기 위해 부처님께서 말을 사용하셨는가, 아니면 기지(機智)를 사용하셨는가?

　또 속담에도, "훌륭한 도덕군자를 만나면 그 사람이 한 말의 의도는 사라지고 그 덕에 심취된다[見德人之容 使人意消心醉]."라는 말이 있다. 이것이 어찌 그 도덕군자가 일부러 그렇게 하리라고 마음 먹었기 때문이겠는가! 이것 또한 코끼리의 위험을 막는 한 방법이다. 혹시라도 그렇지 못한 경우는 모두가 자신이 초래한 것이다.

상대의 비방을 말로 이러쿵저러쿵 따져서 물리치려 하면 그들의 비방만 더욱 늘어나게 할 뿐이다. 그렇게 해서 무슨 이익이 있겠는가?

주
:

1   한유(韓愈) : 중국 당나라의 문학자이자 사상가로서 자(字)는 퇴지(退之), 시호는 문공(文公)이다. 스스로를 군망창려(郡望昌黎)라고 불렀기 때문에 세칭 한창려(韓昌黎)라고도 한다. 회주(懷州) 수무현(修武縣, 하남성) 출생. 792년 진사에 급제, 지방 절도사의 속관을 거쳐 803년 감찰어사(監察御使)가 되었을 때, 수도(首都)의 장관을 탄핵하였다가 도리어 양산현(陽山縣, 광동성) 현령으로 좌천되었다. 이듬해 소환된 후로는 주로 국자감(國子監)에서 근무하였으며, 817년 오원제(吳元濟)의 반란 평정에 공을 세워 형부시랑(刑部侍郞)이 되었으나, 819년 헌종황제(憲宗皇帝)가 부처님 사리를 모신 것을 간하며 「논불골표(論佛骨表)」를 올렸다가 조주(潮州, 광동성) 자사(刺史)로 좌천되었다. 이듬해 헌종 사후에 소환되어 이부시랑(吏部侍郞)까지 올랐다.

    종래의 대구(對句)를 중심으로 짓는 병문(騈文)에 반대하고 친구 유종원(柳宗元) 등과 함께 자유로운 형의 고문(古文)을 창도하여 산문의 문체를 개혁하였다. 고문은 송대 이후 중국 산문 문체의 표준이 되었으며, 그의 문장이 그 모범으로 알려졌다. 시에서는 지적인 흥미를 정련(精練)된 표현으로 드러내, 때로는 난해하고 산문적이라는 비난도 받지만 제재(題材)의 확장과 함께 송대 시에 끼친 영향이 매우 크다.

    유가의 사상을 존중하고 도교와 불교를 배격하였으며, 송대 이후의 도학(道學)의 선구자가 되었다. 『창려선생집(昌黎先生集)』 40권, 『외집(外集)』 10권, 『유문(遺文)』 1권 등의 문집에 많은 잡품이 수록되어 있다. 그의 배불론을 대표하는 글로 「논불골표(論佛骨表)」, 『원도(原道)』 등이 있다.

2   대전(大顚) : 당대 스님으로 법명은 보통(寶通)이다. 석두희천(石頭希遷)의 법을 이어받아 조주(潮州) 영산(靈山)에서 머물렀다. 819년 「논불골표(論佛骨表)」를 헌종(憲宗)에게 올리고 조주에 유배된 배불론자 한유(韓愈)

와의 교섭으로 잘 알려져 있다.

3  유자후(柳子厚) : 유종원(柳宗元)을 말한다. 유교·도교·불교를 참작하고 신비주의를 배격하며 자유주의, 합리주의의 입장을 취했던 중국 중당기(中唐期)의 시인으로, 자(字)가 자후(子厚)이며, 장안(長安) 출생이다. 유하동(柳河東), 유유주(柳柳州)라고도 부른다. 관직에 있을 때 한유(韓愈), 유우석(劉禹錫) 등과 친교를 맺었다. 혁신적 진보분자로서 왕숙문(王叔文)의 신정(新政)에 참여하였으나 실패하여 변경 지방으로 좌천되었다. 이러한 좌절과 13년간에 걸친 변경에서의 생활이 그의 사상과 문학을 더욱 심화시켰다.

고문(古文)의 대가로서 한유와 병칭되었으나 사상적 입장에서는 서로 대립적이었다. 한유가 전통주의인 데 반하여, 유종원은 유불도를 참작하고 신비주의를 배격한 합리주의의 입장을 취하였다. 「천설(天說)」, 「비국어(非國語)」, 「봉건론(封建論)」 등이 그의 대표작으로 꼽힌다. 또 우언(寓言) 형식을 취한 풍자문(諷刺文)과 산수(山水)를 묘사한 산문에도 능했다. 시문집『유하동집(柳河東集)』45권·『외집(外集)』2권·『보유(補遺)』1권 등이 있다.

4  비갈(碑碣) : 전체적으로 비석을 말한다. 네모진 것을 비(碑), 위가 둥그런 것을 갈(碣)로 구분한다.

5  구양수(歐陽修) : 중국 북송(北宋) 시기 정치가, 문인, 학자이다. 자(字)는 영숙(永叔)이고, 호는 취옹(醉翁)·육일거사(六一居士), 시호는 문충공(文忠公)이다. 길주(吉州) 영풍(永豊) 출신. 10살 때 한유(韓愈)의 시문에 심취하였으며, 1030년 진사(進士), 관각교감(館閣校勘)이 되었고 한림학사(翰林學士), 한림시독학사(翰林侍讀學士)가 되어 유명한『신당서(新唐書)』를 편찬했다. 범중엄(范仲淹)의 개량정치를 지지하였으나 왕안석(王安石)이 신법(新法)을 실시할 때는 청묘법(靑苗法)에 대하여 불만을 표하고 관직에서 물러났다. 「붕당론(朋黨論)」을 통해 자신의 정치 주장을 보여주었다.

구양수는 당송팔대가(唐宋八大家)의 한 사람으로 정치가일 뿐 아니라 우수한 문인이며 학자로서 역(易)과 모시(毛詩)의 새 해석, 고문(古文) 부흥, 역사 연구, 편찬 등에 큰 기여를 했다. 한유, 유종원 이후 일시 쇠퇴한 고문을 부흥시켜 정통적인 것으로 만들었는데 그의 글은 논리성이 강하고 서정토로가 은유적이다. 당시 유행하던 서곤체(西崑體)라는 화려한 수사적 시풍을 타파하고 이른바 송시(宋詩)를 창조했다. 수필집으로는 『귀전록(歸田錄)』, 『낙양모란기(洛陽牡丹記)』 등이 있으며, 역사 저서로는 『신오대사(新五代史)』, 고고학에 관한 저서로는 『집고록(集古錄)』 10권이 있다. 전집 『구양문충공집(歐陽文忠公集)』 13권, 부록 5권이 있다.

6 『본론(本論)』 : 구양수가 지은 대표적 배불 논서로 상·중·하의 3편으로 되어 있으며 『거사집(居士集)』 권1에 실려 있다. 유가의 '예의(禮義)'를 근본으로 삼을 것을 제창하고 불교를 비판하였다.

7 구양수의 『본론』 중편에 나온다. "불법이 우리 중국의 근심거리가 된 지 천여 년이 되었다. 그동안 불교에 현혹되지 않고 세상에서 우뚝하게 힘을 쓰는 사람들은 모두 불교를 없애려 하였다. 그러나 이미 없어졌다 싶으면 또 모여들고, 치면 잠시 깨졌다가 더욱 굳어지고 때리면 없어지기도 전에 더욱 치성해져서 마침내 어찌할 수 없는 지경에 다다랐다(中佛法爲中國患千餘歲. 世之卓然不惑而有力者, 莫不欲去之. 已嘗去矣, 而復大集, 攻之暫破而愈堅, 撲之未滅而愈熾, 遂至於無可奈何.)."

8 명교(明敎) : 명교(明敎)는 법호이며, 법명은 충령(忠靈) 또는 계숭(契嵩)이다. 주석한 산의 이름을 따 불일계숭(佛日契嵩)이라고도 한다. 송대(宋代) 운문종 스님으로 속성은 이(李) 씨이며, 등주(藤州) 심진(鐔津) 출신이다. 1013년 7세에 출가하였다. 19세에 이르러 행각하며 선사를 찾아 참학하다가 강서성 균주(筠州) 동산효총(洞山曉聰)의 법을 이었다. 전당(錢塘)의 호산(湖山)·남형산(南衡山)·영안난야(永安蘭若) 등에 주석하였으며, 불일산(佛日山) 정혜원(定慧院)에 머물다 세수 66세로 입적하였다.

저술로는 『전법정종기(傳法正宗記)』·『보교편(輔敎篇)』 등이 있으며, 문도들이 『심진문집(鐔津文集)』 20권을 엮었다.

9 명교스님의 책 : 명교계숭 선사의 『원교론(原敎論)』을 가리킨다. 『나호

야록(羅湖野錄)』에 따르면, 계숭스님이 불교의 오계(五戒)와 십선(十善)
　　　이 유교의 오상(五常)과 통한다는 사실을 알고 『원교론』을 지어 유가와
　　　불가의 일치점을 논하고 배불론을 반박하였다. 인종(仁宗)이 찬탄하며
　　　대장경에 편입하라 하였다. 『원교론』은 『보교편(輔敎篇)』의 일부로서 대
　　　장경에 편입되었는데 『보교편』은 상·중·하 3편으로 이루어져 있으며,
　　　상편에 『원교』·『권서(勸書)』, 중편에 『광원교(廣原敎)』, 하편에 『효론(孝
　　　論)』·『단경찬(壇經贊)』이 들어 있다.

10　원문은 "從他謗, 任他非, 把火燒天徒自疲."이다. 영가스님의 『증도가(證
　　　道歌)』, T48-396a에 나오는 구절이다.

11　영지원조(靈芝元照): 송대 율종 스님으로 여항(餘杭) 전당(錢唐) 출신이
　　　다. 성은 당(唐) 씨, 자는 담여(湛如)·담연(湛然), 별호는 안인자(安忍子)이
　　　고, 시호는 대지(大智)이다. 전당의 상부사(祥符寺) 혜감율사(慧鑑律師)에
　　　게 출가하여 율을 배우고, 신오처겸(神悟處謙)을 따라 천태교학을 연구
　　　하였다. 항상 베옷을 입고 석장(錫杖)을 끌고 발우를 들고 걸식하며 계
　　　율을 지켰다. 1098년 개원사에 계단(戒壇)을 창립하고 만년에 서호(西
　　　湖) 영지(靈芝)의 숭복사(崇福寺)에서 30년을 머물렀다. 문하에 도속(道
　　　俗)이 항상 300인에 달하고 계를 주어 출가시킨 횟수가 60여 회에 이
　　　른다. 정토교를 가벼이 여겼는데 후에 중병을 얻어 천태의 『십의론(十疑
　　　論)』을 읽고는 정토를 깊이 믿었다. 제자에게 『관무량수경』과 「보현행원
　　　품」을 외우게 하고 앉아서 입적하였다.

12　문중자(文中子): 중국 수나라의 사상가 왕통(王通)의 시호이다. 왕통은
　　　자가 중엄(仲淹)으로 하남(河南) 출생이다. 당나라 왕발(王勃)의 조부이
　　　다. 어려서부터 영민하여 시·서·예·역에 통달하였으며, 스스로 유자(儒
　　　者)임을 자부하고 강학(講學)에 힘을 쏟음으로써 문하에 당의 명신 위징
　　　(魏徵)·방현령(房玄齡) 등이 배출되었다. 문제(文帝)에게 '태평10책(太平十
　　　策)'을 올렸으나 채택되지 않았고, 다음 양제(煬帝)에게 부름을 받았으
　　　나 응하지 않은 채 『문중자(文中子)』 10권을 세상에 남겼다. 그의 저술
　　　『문중자』는 『중설(中說)』이라고도 한다. 일설에는 가탁(假託)된 위서(僞

書)라고도 한다. 『논어(論語)』를 모방하여 대화의 형식으로 되어 있는데, 불교가 널리 성하였던 때에 『논어』의 참뜻을 밝혔다는 평가를 받는다.

13 원문은 "文中子曰, 何以息謗, 曰無辯, 吾常事斯語矣."이다. 원조스님의 「지원집(芝園集)」 권하 「참의(讒議.)」 X59-664b에 나온다. 『선림보훈』, T48-1040b에서는 이 내용을 인용하며 출처를 『지도집(芝圖集)』이라 하였는데 『지원집(芝園集)』의 오기로 보인다. 『선림보훈』의 주석서인 『선림중각보훈필설(禪林重刻寶訓筆說)』 권하, X64-273b에서는 이 구절이 "비방이 저절로 사라지게 함으로써 비방을 가라앉히는 문공의 일화를 인용하시며 영지화상께서 참소를 참아내는 이유를 스스로 밝히신 구절(此乃靈芝和尙, 自敍忍讒之由, 引文公息謗以自消弭也)."이라며, 문중자의 일화를 소개하였다. "가경(賈瓊)이 문중자께 물었다. '어떻게 해야 비방을 그치게 하겠습니까?' 문중자께서는 '따지지 말게' 하셨다. 다시 물었다. '어떻게 해야 원망을 그치겠습니까?' '다투지 말게'(賈瓊問曰, 何以息謗. 子曰無辯. 問, 如何止怨. 曰無爭.)"

14 원문은 "若知我空 無毀我者."이다. 『원각경(圓覺經)』, T17-920a.

15 무생자인(無生慈忍) : 만법이 본래 생겨난 적도 없음을 깨달아 온갖 비방과 폭력을 자비로운 마음으로 참아내는 것.

## 02

## 불신(佛身)이 법계에 충만하다는 뜻이 무엇인가?

●

부처님 몸 법계에 충만하여

일체 중생에게 두루 나타나시고.

인연 따라 감응하여 두루하시나

항상 이 보리좌에 앉아 계시네.

佛身充滿於法界　普現一切群生前

隨緣赴感靡不周　而恒處此菩提座[1]

천하의 총림에서 부처님을 찬탄하는 데에 이 게송을 많이 사용한다. 이 게송은 『화엄경』 제6권에 나온다. 그때 부처님께서 백호상(白毫相)[2]의 광명 속에서 일체법승음보살(一切法勝音菩薩)을 나타내어 이 보살이 하게 하신 말씀인데, 이 말씀이야말로 『화엄경』 전체의 핵심이자 또한 모든 조사들이 외길에서 원수를 만났던 골수이기도 하다.

    부처님 몸 법계에 충만하여
      : 어디에 쭈그려 앉아 있다고 짐작하는가?
    일체 중생에게 두루 나타나시고
      : 눈과 귀 속에서 그를 찾을 수 없네.
    인연 따라 감응하여 두루하시나
      : 허공이 허공에 합하고 물을 물에 부음이라
    항상 이 보리좌에 앉아 계시네.
      : 특별한 뜻이 따로 있다 해야 할까?

이렇게 풀이한다 해도 일반적인 해석을 넘어서지 못한 것이다. 혹 본뜻을 모르겠다면 별도로 소식을 드러내 보여주리라.

    부처님 몸 법계에 충만하여
      : 길어진 해에 강산이 아름답고
    일체 중생에게 두루 나타나시고
      : 봄바람에 화초도 향기로워
    인연 따라 감응하여 두루하시나
      : 진흙 범벅으로 제비새끼 날고

항상 이 보리좌에 앉아 계시네.

: 따뜻한 모래사장에 원앙새 조는구나.³

이렇게 알아들어야 일체법 수승한 음성을 들은 것이다. 마치 물을 한 움큼 움켜쥐니 손에 달빛이 그득하다는 소식이다.

두보(杜甫, 712~770)⁴의 시에 "꽃 속을 노니니 그 향기 옷에 가득하네[弄華香滿衣]."라는 구절이 있다. 그러나 이것은 '야광주를 굴리고 구슬을 희롱하는 것[珠轉玉回]'과는 현격한 차이가 있다. '부처님의 몸'을 알고 싶은가? "유리 궁전 속 백옥 같은 미간의 털이요, 보배로운 연화대 위 황금 같은 모습"이라 해도 일부만 파악한 것이다. 뿐만 아니라 32상 80종호까지도 눈 속의 금가루일 뿐이니 모두 관계없는 소리이다.

무위(無爲)인 '부처님의 몸'을 말하자면 그 어느 것에도 속하지 않으니 언어문자를 가지고 알음알이를 낸다면 수만 리의 높은 벼랑에서 떨어지고 말 것이다.

'법계에 충만한 부처님 몸'에 대해 말해 본다면 눈으로는 볼 수 없고 그렇다고 마음으로도 알 수 없으며, 지혜로도 안 되고 나아가 알음알이로도 이해할 수 없다. 오직 운문(雲門, 864~949)⁵의 "마른 똥 막대기다"⁶라는 화두와 동산(洞山, 910~990)⁷스님의 "삼 세 근이다"⁸라는 화두만이 좀 나은 편이다. 그러나 깨달은 사람이 없으니 어찌 하겠는가! 깨닫지 못했기 때문에 깊은 담론도 모두 헛소리에 지나지 않는다. 또 곁에서 달갑지 않게 여기는 자들이 그럴듯한 이론을 광대하게 인용하여 말하기를, "부처님 몸은 태허(太虛)를 싸고 만상(萬象)을 머금는다. 그리하여 물질[色]로 파악할 수 없지만 모든 물질에 두루하며, 공(空)으로도 알 수 없으나 공에 모두 갖추어져 있다. 그것을 앞장서서 안내한다 해도 불신(佛身)을 앞선 것이 아니며, 그것 뒤에 따른다 해도 불신(佛身)에 뒤지는 것이 아니다."라고 한다.

쉿! 쉿! 허튼소리 하지 말라. 그 따위 소리는 밥 짓는 아낙네도 젖 빠는 어린애도 모두 할 수 있다. 쓸데없는 소리 지껄이지 말라. 설사 '부처님 몸'이라고 말하더라도 아득히 먼 소리다. 그러니 '중생에게 두루 나타난다'느니, 또는 '인연 따라 감응하여 두루한다'느니 하는 구절에 대해서도 이러니저러니 논하지 말자.

또 무엇을 가리켜 보리좌(菩提座)라 하는가? 어떤 사람은 말하기를, "부처님 몸이 충만하면 보리좌도 충만하다. 그것이 둘이 아니기 때문에 나눌 수 없으며, 구별할 수 없기 때문에 나눌 수도 없다."고 한다. 만일 '보리좌' 위에 따로 '부처님 몸'이 있다고 한다면 '항상 앉아 있다'고 할 수 없다. 그러나 이미 '부처님 몸'이 충만했다면 덧없는 생사의 유루세간(有漏世間)은 또 어디에 있겠는가?

어떤 사람은 "꿈속에서는 분명히 6취가 있었는데 깨어나 보니 텅 비어 대천세계마저 없더라."[9]는 영가스님의 말씀을 인용하여 "깨어나면 부처님 몸이니 보리좌니 하는 말도 다 필요 없다. 그러니 그 어떤 말인들 잠꼬대가 아니겠는가!"라고 한다. 참선하는 사람이 진정 꿈에서 깨어나지 못하면 아무리 부처님을 찬양한다 해도 도리어 부처님을 비방하는 것이 된다. 이 점을 분명히 알아야 한다.

시방세계 모든 것이 청정한 법신(法身) 그대로다. 마치 천 개의 태양이 동시에 비추는 것처럼 털끝 만한 장애나 가림도 없는데, 까닭 없이 한 점 무명(無明)이 근본자리를 덮어버린 것이다. 그래서 우러러보고는 하늘이라 말하고, 굽어보고는 땅이라 하며, 광대하게 엿보고는 법계(法界)라고 말한다. 산은 높고 물은 깊으며, 낮은 밝고 밤은 어두우며, 바람이 불고 먼지가 일어나며, 구름이 일고 새가 나는 등등의 모든 삼라만상의 빈 껍질을 벗기고 티 없는 밝음[精明]을 드러내어 이른바 법신을 찾고자 한다면 텅 비어 법신이라 할 것도 없다.

여기서 분별망상을 일으켜 허망한 알음알이에 집착되면, 공을 색이라 하지도 못하고, 밝음을 어둠이라 하지 못하고, 친한 것을 소원한 것이라고 하지도 못하고, 증오를 바꾸어 사랑이라 하지 못한다. 무명의 정체를 알고자 하는가? 그것은 한 터럭도 차이 없이 바로 위에서 말한 '~하지 못한다'는 그것이다.

갑자기 다음과 같이 억지주장을 하는 자가 있다. "나는 공(空)을 그저 볼 뿐이지 그것이 공이라는 생각을 하지 않으며, 색(色)을 볼 뿐 색이라고 굳이 생각하지 않는다. 다만 하나의 청정한 법신으로 관찰할 뿐이다."고 한다. 그러나 그것도 옳기는 옳으나 공이니 색이니 구별하는 견해가 끝내 잊지 못한 것을 어찌하며, 또 내가 능히 청정법신을 본다는 생각과 대상으로서 보이는 청정법신이 있다는 생각을 애초에 없애지 못한 것을 어찌하랴. 그처럼 잊지 못하고 없애지 못하는 것이 바로 근본무명이라는 것을 반드시 알아 단박에 습기를 짜 버리고 청정하지 못한 것을 씻어 버려야 한다.

  만약 세상의 갖가지 현상을 모두 밝혀서 무명을 없애려 한다면 그것은 신발을 신고 신발 속의 가려운 곳을 긁는 정도도 못 된다. 『원각경』에서 "이 무명이란 실로 본체가 없다. 꿈속에서 사람이 꿈을 꿀 때는 분명히 무엇이 있는 듯하지만 깨고 나면 결코 아무것도 없다."[10]고 한 것이 바로 이것을 두고 한 말이다. 그러니 무명이 무슨 실체가 있고 정해진 성품이 있을 수 있겠는가! 바로 모든 본체가 그대로 청정법신일 뿐이다. 비록 그렇지만 『원각경』 말씀처럼 "깨고 나면 끝내 남는 것이 없다" 한다면 그것이 정말로 깨어난 것인가?

  모름지기 '깬다[醒]'는 뜻에 두 가지가 있다는 사실을 알아야 한다. 첫째 무엇보다 색과 공 등의 법이 모두 자심(自心)의 현량(現量)으로서 청정한 법신의 그림자에 불과하다는 것을 분명히 알아야 한다. 그래야지만 지말무명(枝末無明)을 끊어버릴 수 있다. 그 다음에는 견문(見聞)의 알음알이가 없어지고 주관[能]·객관[所]의 식(識)이 소멸하여, 한 법을 법신이라 여기지도 말고 한 법을 법신이 아니라고 생각하지도 말아야 한다. 그러면 시시비비가 모두 사라지고 생각 생각이 모두 여여(如如)하게 된다. 이런 상태가 되어야 비로소 근본무명을 끊을 수 있다.

  그러나 지말무명과 근본무명을 모두 단박에 끊어야 하다. 이 칠흑통 같은 무명을 밑바닥까지 꿰뚫지 못하고 3~5회쯤 나누어서 끊으려 해서는 안 된다. 어찌 마음으로 사량분별하고 언어문자로 따지는 것이 용납될 수 있겠는가!

주
:

1 『대방광불화엄경(大方廣佛華嚴經)』 권6 「여래현상품(如來現相品)」, T10-30a.

2 백호상(白毫相) : 부처님 32상의 하나이다. 부처님은 두 눈썹 사이에 있는 빛나는 하얀 털이 있었다. 오른쪽으로 말린 그 부드러운 털에서 끊임없이 광명을 놓았다고 한다.

3 『화엄경(華嚴經)』 게송에 구절마다 덧붙인 송의 원문은 "遲日江山麗 春風花草香 泥融飛燕子 沙暖睡鴛鴦."이다. 이는 금산(金山)의 퇴암기(退菴奇) 선사가 조주(趙州)스님의 "소주에도 있고 상주에도 있다(蘇州有常州有)"고 한 화두에 붙인 송을 인용한 것이다. 『고존숙어요(古尊宿語要)』, X68-508a.

4 두보(杜甫) : 중국 당나라 때의 시인으로 자는 자미(子美), 호는 소릉(少陵) · 공부(工部) · 노두(老杜) · 율시에 뛰어났으며 치밀하고 엄격한 구성, 사실적 묘사 수법으로 인간의 슬픔을 노래하였다. '시성(詩聖)'으로 불리며 이백(李白)과 함께 중국의 최고 시인으로 꼽힌다. 작품에 「북정(北征)」 · 「병거행(兵車行)」 등이 있다.

5 운문(雲門) : 당말(唐末) 5대(五代) 때 스님으로 운문은 주석 산명이고, 법명은 문언(文偃)이다. 속성은 장(張) 씨이며 절강성 가흥(嘉興) 출신이다. 어려서부터 출가에 뜻을 두어 가흥 공왕사(空王寺)의 지징(志澄)선사에게 수학하고 17세에 출가하였다. 황벽희운(黃檗希運)의 법을 이은 목주도명(睦州道明)에게 참구하고, 다시 설봉의존(雪峰義存)에게 참구하여 그의 법을 이었다. 건화(乾化) 원년(911)에 광동성 조계(曹溪)로 가서 6조의 탑에 예배하고, 이어 복주대안(福州大安)의 법을 이은 영수여민(靈樹如敏) 회하로 들어가 그의 법석을 이었고, 운문산(雲門山)에 30여 년을 머문 후, 건화(乾和) 7년 4월 10일 입적하였다. 어록으로 수견(守堅)이 엮은 『운문광진선사광록(雲門匡眞禪師廣錄)』 3권이 전한다.

6 한 스님이 운문문언 선사에게 "무엇이 석가의 몸입니까?" 하고 묻자 선사께서 "마른 똥 막대기다(乾屎橛)."라고 대답하셨다. 『운문광진선사광록(雲門匡眞禪師廣錄)』, T47-550b.

7 동산(洞山) : 5대(五代) 송초(宋初) 때 스님으로 동산은 주석 산명이며 법명은 수초(守初)이다. 속성은 부(傅) 씨이며 섬서성 봉상부(鳳翔府) 양원(良原) 출신이다. 16세에 위주(渭州) 공동산(崆峒山) 지심(志諗)에게서 득도하고, 경주(涇州)의 사리율사(舍利律師) 정원(淨圓)에게서 구족계를 받았다. 운문문언(雲門文偃)에게 참학하여 법을 이었다. 남한(南漢) 건우(乾祐) 원년(948)에 대중의 청에 응하여 강서성 양주(襄州) 동산(洞山)에 머물면서 운문의 종지를 선양하였다. 송(宋) 태평흥국(太平興國) 6년(981) 숭혜대사(崇慧大師)라는 호를 하사받았고, 순화(淳化) 원년 7월에 입적하였다.

8 한 스님이 동산수초 선사에게 "무엇이 부처님입니까?" 하고 묻자 "삼 세 근이다(麻三斤)."라고 대답하셨다. 『경덕전등록(景德傳燈錄)』 권22, T51-386c.

9 원문은 "夢裏明明有六趣 覺後空空無大千."이다. 영가스님의 『증도가(證道歌)』, T48-396a에 나오는 구절이다.

10 원문은 "此無明者 非實有體 如夢中人 夢時非無 及至於醒 了無所得."이다. 『원각경』, T17-913b.

# 03

## 법신의 참뜻은 무엇인가?

●

옛날에 동파(東坡, 1036~1101)[1] 거사가 여산(廬山)을 다음과 같이 노래했다.

시냇물 소리 그대로가 부처님 말씀인데
산의 자태인들 어찌 청정법신 아니랴
지난 밤 팔만사천 게송
뒷날 어떻게 다른 사람에게 전할꼬.[2]
溪聲便是廣長舌　山色豈非淸淨身
夜來八萬四千偈　他日如何擧似人

이 시에 대해 어떤 선사는 "동파는 매 구절마다 '그대로가 ~이다[便是].' '어찌 ~가 아니랴[豈非]'는 말을 쓸데없이 덧붙였다. 왜 곧바로 '시냇물 소리가 부처님 말씀이고 산의 자태는 청정법신이다'[3]고 하지 않았을까?"라며 힐난했다. 그런가 하면 또 어떤 사람은 "시냇물 소리는 혀를 사용하지 않아도 낼 수 있고, 산의 자태는 따로 노력하지 않아도 드러난다."는 등등의 여러 가지 평을 했다. 이것에 대해 종합해서 말해 보면 이런 사람들은 자신의 뛰어남을 자랑하며 소동파의 치우친 견해를 초월한 듯이 말하기는 했지만 모두가 이 시구의 뒷전에서 묵묵히 아무 말도 하지 말았어야 했다는 것은 모른 것이다.

당시 동파거사는 시냇물 소리와 산의 자태만 알았을 뿐이다. 나귀소리, 말소리, 거위 울음소리, 까치 우는 소리, 나아가 근심으로 탄식하는 소리, 통곡하는 소리, 지옥 속의 창칼이 사람을 찌르는 등의 갖가지 악독한 신음소리가 모두 부처님 말씀인 줄 어찌 알았겠는가. 어찌 산의 자태뿐이랴! 크게는 허공부터 작게는 겨자씨에 이르기까지 법계의 안팎에 있는 모든 모습 있는 것들로서 서로 다른 형상들, 즉 고운 것과 추한 것, 괴상한 것과 기이한 것, 청색과 황색, 긴 것과 짧은 것 내지는 얼음과 강물, 숯과 불꽃, 누린내 나는 것과 더러운 것, 더불어 눈으로 볼 수 없을 정도의 갖가지 악한 물질 모두가 청정법신이다.

어찌 몸과 혀뿐이겠는가. 코로 들어가는 것도 다 부처님의 향기이며 입으로 씹는 것이 모두 법미(法味)이다. 6입(六入)[4]과 12처(十二

處)[5]에 이르기까지도 모두 법성이 혼융하여, 털끝만큼의 간격도 다른 것이 용납될 수 없다. 이를 두고 '한 모습으로 평등하여 참되고 청정한 무루를 원만히 구족한 삼매문[一味平等眞淨無漏圓滿具足三昧門]'이라 한다. 위로부터는 불조가 이 삼매에 의지하여 묽은 우유를 정제하여 소락(酥酪)을 만들었고, 흙을 변화시켜 금덩어리를 만들었던 것이다. 나타났다 숨었다, 오므렸다 폈다 등등의 끝없는 묘한 작용이 한결같이 모두 이 삼매문에서 흘러나왔다.

『법화경』에서 "오직 이 1승(一乘)만 진실이고 나머지 2승(二乘)은 진실이 아니다."[6]고 했다. 바로 지금 하늘은 덮어 주고 땅은 실어 주며, 해가 뜨면 달은 지고, 낮은 밝고 밤은 어두우며, 산은 위로 솟아 있고 바다는 옆으로 드리워져 있다. 이런 것들이 모두 털끝만큼도 삼매문에 나타나지 않음이 없다. 설사 이처럼 명백히 열거한다 해도 여전히 시냇물 소리와 산의 자태 가운데 앉아 있는 줄을 어찌 알겠는가. 새우가 제아무리 뛰어본들 어찌 말 통 밖을 벗어나겠는가.

부상좌(孚上座)[7]가 『열반경(涅槃經)』을 강의하면서, "법신은 크지도 작지도 않으며 네모나지도 둥글지도 않다. 머무르는 모습[住相]도 아니고 그렇다고 머무르지 않는 모습[不住相]도 아니다. 원만하게 10허(十虛)[8]를 싸고 3제(三際)[9]를 혼융하였다."라고 자세히 설명했다. 이때 어떤 한 선사[10]가 좌중에 있다가 코를 싸쥐고 비웃으면서 물러났다. 그러자 부상좌가 쫓아가서 묻기를, "나는 법신을 설명하면서 아직 문의(文義)에 어긋난 적이 없었는데 그대의 비웃음을 당한 것은 무엇 때문입니까?" 하자 선사는 이렇게 말했다. "상좌가 배웠던 것을 모두 털어놓는다 해도 법신의 그림자 정도를 겨우 말할 뿐입니다. 만일 진실한 법에서 본다면 상좌의 말은 법신과는 거리가 멉니다. 그대는 법신과 상응하기를 원합니까? 그렇다면 강학했던 그것을 끄집어내고 마음을 한곳에 모아 고요히 앉아 있도록 하십시오." 그리하여 부상좌는 가르침대로 꾸준히 하다가 갑자기 호각소리를 듣고 활연히 깨달았다.

그대는 말해 보라! 과연 소동파가 이와 같이 깨달았는가? 그렇지 않은가? 이 도는 언설을 떠났고 알음알이를 끊었다. 혹 깊고 빈 틈없이 참구하여 깨달을 날을 기약하고 경험적 지식을 벗어나 알음알이를 초월할 생각은 하지 않고 망령되게 시냇물 소리와 산의 자태라 한다면, 잡초 밭으로 끌려들어가면서 깨달아 들어가는 도리가 따로 있는 줄 모르는 자이다. 모두가 다 이런 세상이니 삼가지 않아서야 되겠는가.

주:

1 소동파(蘇東坡) : 송대(宋代)의 문인으로 이름은 식(軾,) 자는 자첨(子瞻)이다. 사천 아미산(峨眉山) 출신으로 문장이 빼어나 당송(唐宋) 8대가의 한 사람으로 꼽힌다. 오조사계(五祖師戒) 선사의 후신으로 일컬어졌으며, 세수 66세로 불교에 입문하여 동림상총(東林常總)의 법문을 듣고 불법을 깨달았다. 저서로『동파집(東坡集)』40권,『동파후집(東坡後集)』20권,『주의(奏議)』15권,『내제(內制)』10권,『외제(外制)』3권,『응조집(應詔集)』10권,『동파선희집(東坡禪喜集)』등이 있다. 시호는 문충(文忠).
2 소동파가 동림사(東林寺)의 조각상총(照覺常總) 선사를 방문하여 밤새 법담을 나누고는 "무정이 설법한다"는 화두에서 깨달은 바가 있었다. 다음날 이른 새벽 상총선사에게 바친 게송이다.『속전등록(續傳燈錄)』권20, T51-601b.
3 원문은 "溪聲廣長舌 山色淸淨身."이다.
4 육입(六入) : 입(入)은 거두어들인다는 뜻. 외부 세계를 인지하는 감각기관인 눈·귀·코·혀·몸·뜻을 내6입(內六入), 인지대상인 빛깔·소리·냄새·맛·촉감·법을 외6입(外六入)이라 하는데, 흔히 '6입'이라 하면 내6입을 말한다. 신역에서는 6처(六處)라 하였다.
5 12처(十二處) : 내6처인 6근(六根)과 외6처인 6경(六境)을 합한 것이다.
6 원문은 "唯此一事實 餘二則非眞."이다.『묘법연화경』「방편품」, T9-7c.
7 부상좌(孚上座) : 태원부(太原孚) 선사를 말한다. 설봉의존 선사의 법을 이었으며 선문에 들어오게 된 기연이『벽암록』·『정법안장』·『선종송고연주통집(禪宗頌古聯珠通集)』등에 자세히 전한다.
8 10허(十虛) : 시방(十方)과 같다. 즉 공간적으로 보편함을 말한다.
9 3제(三際) : 3세(三世)와 같다. 즉 시간적으로 영원함을 말한다.
10 『벽암록』권10, T48-222b에 따르면 부상좌의 강의를 듣다 실소를 금치 못한 선사는 협산전좌(夾山典座) 즉 협산선회(夾山善會) 선사라 한다.

# 04

## 백장 선림청규가 바로 가리키는 도에 어긋나는가?

소림(少林)[1]스님은 "곧바로 가리키며 문자에 의지하지 않는다."고 했는데 이에 대해 6조(六祖, 638~713)[2]스님은 "곧바로 가리켰다고 말한 것부터가 이미 한참을 둘러간 것이다."[3]라고 했다. 그러니 어찌 화두를 들고 의심덩어리를 일으켜 공부를 하면서 마음 깨치기를 기다리겠는가. 이렇게 한다면 선덕(先德)을 비방하고 고인을 욕되게 하는 짓이 아니겠는가?

그렇지 않다. 6조스님으로부터 3대(代)를 지나 백장(百丈, 749~814)[4]스님이 출현했는데 세상 사람들은 그를 대지선사(大智禪師)라 불렀다. 스님께서는 선림청규(禪林淸規)를 만들었는데, 이것은 멀리는 율장(律藏)에 바탕을 두고 승려생활의 예법을 정하였던 것이다. 그리하여 넓은 강당과 평상을 배치하여 3백 내지 5백 명의 대중들이 늠름히 모여앉아서 육체는 고목처럼 꼼짝 않고 마음은 불 꺼진 재처럼 고요히 흔적도 없게 하였다. 이렇게 하는 것을 두고 앉아서 참구한다고 한다. 그러니 '곧바로 가리켰다는 것이 오히려 한참 둘러간 것이다'는 이 말은 정말 잘못된 중에서도 잘못된 것이다.

선림청규에 의하면 처음 출가하면 시자료(侍者寮)에 있으면서 아침에는 예불하고 저녁에는 교육을 받아 견문을 넓히고 깊이 연구하게 하였다. 그런 뒤에는 장경각의 열쇠를 관장하게 하여 갖가지 교리를 섭렵케 하였다. 또한 유서(儒書)를 박식하게 연구하고, 다른 학문도 통달할 만큼 공부하여 나란히 좌석을 잡아 설법하게 하였다. 그런 뒤에 시기를 기다렸다가 적당한 시기가 되면 스승이 되게 하였다. 스승들은 의발(衣鉢)을 부촉하여 믿음을 표시했고, 제자들은 향을 준비하여 법을 이어받았다. 그러다 이것이 어떻게 손댈 수 없을 정도로 복잡해졌다.

5종(五宗)⁵으로 파가 나누어진 다음부터는 서로 섞이지 않고 도를 전수하고 받을 때, 세밀한 지도와 여러 견해들은 이루 다 헤아릴 수 없다. 곧바로 지적한 도라면 과연 이럴 수 있겠는가? 그러나 그분들이 문자를 수립하지 않고 그대로 가리키는 도리를 몰랐던 것은 아니다. 이것은 시기가 성인이 태어났던 때와 벌써 한없이 멀어졌고 인심 역시 날로 퇴보하여 사람들이 도를 체득하겠다는 바른 생각이 견고하지 못했고, 또한 경계를 구분하는 알음알이만 날로 더해가는 것을 보고는 마지못해 펴신 방편이다.

　백장스님이 총림을 건립하지 않았을 때에는 스님들은 모두 때 묻은 초의(草衣)를 입고 깊은 산속에서 온 힘을 다해 도(道)로 향하였다. 백장스님 대에 이르자 그때의 스님들은 벌써 늙고 병드는 것을 두려워하게 되었다. 그 때문에 총림을 건립하여 늙고 병드는 것을 위안하고, 조사의 도를 보완하게 하였다. 가령 이때에 그렇게 하지 않았더라면 '바로 가리켰다'는 그 말마저도 없어져 지금은 들을 수도 없었을 것이다. 근래에 공리공론만 일삼는 무리들은 사람들이 바로 가리키지 않고 멀리 돌아간다고 따진다. 이것은 멀리 돌아가는 것이 곧바로 가리키는 달마의 선법을 선양하는 방편임을 제대로 보지 못했기 때문이다. 또 그러한 책망이 옳다고 해도 다른 사람의 잘못을 따지는 그 마음을 반성할 줄 모른다면 온몸이 멀리 돌아가는 길에 떨어지는 것이다.

　이렇게 말할 수 있는 근거는 무엇 때문일까? 달마스님의 경우, 곧바로 가리키는 도를 전하느라 묵묵히 9년을 앉아 있었다. 그러나 결코 다른 사람이 곧바로 가리키는 도를 믿지 않는다고 책망했다는 소리는 들어보지 못했기 때문이다. 천여 년이 지난 지금에 이르러 바로 가리키는 직지(直指)의 도가 일월처럼 빛나지만 앞에서 말한 멀리 돌아가는 것 때문에 그 가르침이 털끝만큼도 가려진 점은 없다. 마음이 진실하면 이치는 자연히 나타나기 때문이다.

　그러나 소림의 달마스님과 같이 곧바로 가리키는 도(道)에 의거

한다고 하면서도 실제로는 직지의 요체를 저버린다. 어떤 이는 말로만 달마스님이 얘기한 "밖으로 모든 반연을 쉬고 안으로 마음의 조급함 없어 마음이 장벽 같아야 비로소 도에 들어갈 수 있다."⁶고 하신 말을 입버릇처럼 전한다. 그러면서 외부의 반연을 완전히 끊어버려 전혀 관계치 않으며 안으로 마음을 억눌러서 꼼짝 못하게 하니, 이것을 어찌 곧바로 가리킨 종지(宗旨)라 할 수 있겠는가? 그런데도 이런 생각을 갖고 오랫동안을 수행하여 직지의 세계로 깨달아 들어가려고 한다. 지금 화두를 들고 공부하는 목적은 정(情)을 없애고 식(識)을 뒤바꿔 공(功)과 용(用)을 둘 다 잊고 바로 가리키는 세계로 그대로 들어가기 위해서이다. 다시 무슨 의혹이 있을까?

주
:

1   소림(少林) : 소림사(少林寺)에 은거했던 보리달마(菩提達磨) 대사를 말한다. 남인도 또는 파사국(波斯國)의 셋째 왕자로 태어나 반야다라(般若多羅)의 법을 잇고 중국 광주(廣州)에 도착하여, 양(梁) 무제(武帝)를 만났으나 계합하지 못하였다. 그 후 숭산 소림사에서 9년을 면벽하고, 사람의 마음은 본래 청정하다는 이치를 깨달아야 한다고 주장하였다. 그의 선법은 2조 혜가(慧可), 3조 승찬(僧璨), 4조 도신(道信), 5조 홍인(弘忍), 6조 혜능(慧能으)로 이어져 크게 융성하게 되어 중국 선종의 초조로 추앙받게 되었다. 그의 어록으로 『이입사행론(二入四行論)』이 전해지고 있다. 『소실육문집(少室六門集)』 1권도 그의 저술이라 하나 후인의 저술로 추정된다.

2   6조(六祖) : 육조혜능(六祖慧能) 대사를 말한다. 당대(唐代) 스님으로 중국 선종의 제6조이다. 속성은 노(盧) 씨이고 광동성 신주(新州) 신흥현(新興縣) 출신이다. 어려운 환경에서 자라 나무를 해 어머니를 봉양하다가 어느 날 시중에서 『금강경』 읽는 소리를 듣고 출가에 뜻을 품은 후 호북성 기주(蘄州) 황매현(黃梅縣)의 동선원(東禪院)으로 5조 홍인을 찾아갔다. 방앗간에서 8개월을 일하다 '보리본무수 명경역비대 본래무일물 하처유진애(菩提本無樹 明鏡亦非臺 本來無一物 何處有塵埃)'라는 유명한 게송을 짓고 스승 홍인으로부터 의발(衣鉢)을 전수받았다. 그 후 시기하는 자들을 피해 남쪽으로 가 사냥꾼 무리에서 숨어 지내다 의봉(儀鳳) 원년(677)에 광동성 남해(南海) 법성사(法性寺)의 인종(印宗)에게서 구족계를 받았다. 이듬해 조계(曹溪) 보림사(寶林寺)로 옮겨 선풍을 크게 선양하고, 광동성 소주(韶州)와 광주(廣州)에서 40여 년간에 걸쳐 교화를 펼쳤다. 그 중 소주 대범사(大梵寺)에서 행한 설법을 편집해 놓은 것이 후일의 『육조단경(六祖壇經)』이다. 또 『금강경해의(金剛經解義)』 2권이 그의 저작으로 전한다.

동문인 대통신수(大通神秀, 606~706)는 혜능보다 30세 연장이며, 측천무후(則天武后)에게 혜능을 천거하기도 하였다. 신수가 북방의 장안(長安)·낙양(洛陽) 등지에서 포교하고 점수주의(漸修主義)였던 데 반해 혜능의 선은 남방에 퍼졌고 돈오주의(頓悟主義)였다. 후세에 이 양자의 선풍을 비교해 남돈북점(南頓北漸)이라 하고, 또 남종선(南宗禪)·북종선(北宗禪)이라 칭하였다. 선천(先天) 2년 8월 3일 국은사(國恩寺)에서 입적하였다. 원화(元和) 10년(815)에 헌종(憲宗)이 대감선사(大鑑禪師)라는 시호를 내리고, 탑을 원화영조지탑(元和靈照之塔)이라 명하였으며, 유종원(柳宗元)이 비명을 지었다. 그의 제자 중에 청원행사(靑原行思), 남악회양(南嶽懷讓), 하택신회(荷澤神會), 영가현각(永嘉玄覺), 남양혜충(南陽慧忠) 등이 뛰어났다.

3 　원문은 "說箇直指早已迂曲了也."이다. 『육조단경』이나 『전등록』 등 육조 혜능대사의 어록에서는 위와 같이 직접적으로 언급한 구절을 찾을 수 없다. 그러나 후대 여러 선사들이 이를 육조 혜능대사의 말씀으로 언급하고 있다. 『무문관(無門關)』 「황룡삼관(黃龍三關)」, T48-299b에서 "사람의 마음을 곧바로 가리켜 성품을 보아 부처를 이룬다 하였지만 '곧바로 가리켰다'는 그 말부터 이미 한참을 둘러간 것이다[直指人心 見性成佛 說箇直指 已是迂曲]."라고 하였다. 천목중봉 화상은 「시양직몽수좌(示養直蒙首座)」라는 글에서도 "이에 여섯 대를 전해 조계에 이르러서는 '곧바로 가리켰다는 그 말부터가 이미 한참 둘러간 것이다'고 말씀하셨다(於是六傳至曹溪謂 說箇直指早已迂曲了也)."고 하여 이를 육조 혜능대사의 말씀으로 언급하였다.
『천목중봉화상보응국사법어(天目中峰和尚普應國師法語)』, X70-741a 또, 이와 유사한 의미로 원오극근 선사는 다음과 같이 말했다. "그래서 달마대사는 서쪽에서 찾아와 문자를 세우지 않고 곧바로 사람의 마음을 가리켜 성품을 보아 부처를 이루게 하신 것이다. 그러나 그 뒤 육조 대감선사께서는 오히려 말씀하시기를, '세우지 않는다는 바로 그 두 글자가 이미 세운 것이다'라고 하셨다(所以達磨西來不立文字 直指人心見性成佛

後來六祖大鑑禪師 尚自道 只這不立兩字 早是立了也)."『원오불과선사어록(圓悟佛果禪師語錄)』제12권, T47-769a.

4 　백장(百丈) : 당대 스님으로 백장은 주석 산명이고 법명은 회해(懷海)이다. 속성은 왕(王) 씨이고, 복건성 복주(福州) 장락(長樂) 출신이다. 20세에 서산혜조(西山慧照)에게 출가하여 남악의 법조(法朝) 율사에게 구족계를 받고 사천성 여강(廬江)에서 대장경을 열람하고는 마조도일(馬祖道一)에게 참구하여 인가받았다. 사방의 도속(道俗)들이 귀의해 강서성 홍주(洪州) 신오현(新吳縣) 대웅산(大雄山)에 대지성수선사(大智聖壽禪寺)를 세우니, 백장이 개조(開祖)가 되어 이곳에서 선풍을 크게 고취하였다. 그의 저서『백장고청규百丈古淸規)』는 서(序)밖에 남아 있지 않지만 그가 선원청규(禪苑淸規)의 개창자임을 확증시켜 주는 자료이다. 제자로 위산영우(潙山靈祐), 황벽희운(黃檗希運) 등이 있다. 당(唐) 원화(元和) 9년 정월 17일에 세수 66세로 입적하였으며, 대지(大智)·각조(覺照)·홍종묘행(弘宗妙行) 등의 시호가 있다.『송고승전(宋高僧傳)』,『전등록(傳燈錄)』에서는 세수 95세라 하였는데 이에 따르면 출생년도가 720년이 된다.

5 　5종(五宗) : 5가(五家)라고도 한다. 위앙종(潙仰宗)·임제종(臨濟宗)·조동종(曹洞宗)·운문종(雲門宗)·법안종(法眼宗).

6 　원문은 "外息諸緣 內心無喘 心如牆壁 乃可入道."이다. 의미는 같으나 『경덕전등록(景德傳燈錄)』권3, T51-219c과『소실육문(小室六門)』, T48-370a 등 대부분의 전적에는 "外息諸緣 內心無喘 心如牆壁 可以入道."로 되어 있다.

# 05

## 자심의 현량(現量)이란 무엇인가?

화복(禍福)의 싹도 자기 마음에서 트는데 증오와 사랑인들 어찌 다른 곳에서 오겠는가? 한때 번뇌를 일으키면 3세(三世)를 통해 과보를 받으면서 오랜 세월이 지나도록 소멸하지 않고 털끝만큼도 빗나가지 않는다. 일대장교(一大藏敎)에서는 과(果)를 들어 인(因)을 밝혔는데 그 모두가 자기 마음의 현량(現量)으로서 한 법도 마음 밖 다른 곳에서 온 것이 없다. 도인은 생각마다 자기 마음이란 것이 형상은 물론 그림자도 구할 것이 없어서 태고 이전에도, 그리고 미래세가 다하도록 뚜렷하고 분명함을 관찰한다.

그러므로 『능엄경』에서는 "무루진정(無漏眞淨)이니 어찌 이 가운데 다른 무엇을 용납할 수 있겠는가?"라고 하였다. 그 때문에 옛 스님들은 이것을 금강보검(金剛寶劍)이라 하고 청정태허(淸淨太虛)라고도 했다. 그 칼은 베지 못하는 물건이 없고, 허공은 모든 장소를 포섭한다. 한량없는 광명을 지닌 여래의 몸[大光明藏]은 본체 그 자체이기 때문에 그 밖의 것을 필요로 하지 않는다. 불조는 이것을 깨달아 잘못된 생각을 단박에 비웠고, 중생들은 이것을 몰라 허망하게 알음알이를 좇는다. 그래서 3계(三界)가 생기고 만법(萬法)이 이루어지며, 생멸거래(生滅去來)의 모습이 복잡하게 생기고, 복과 재앙을 받는 이치가 분명한 것이다. 이것은 누구도 피할 수 없다. 자기 마음의 현량을 깨닫지 못했기 때문에 복을 좇고 화를 피하려는 생각이 쉴 새 없이 일어나고, 싫은 것은 버리고 좋은 것을 취하려는 감정이 끊임없이 계속된다.

 허망한 견해가 깊어지면 깊어질수록 업은 더욱 많아진다. 세속 사람이 세상의 그물에 아교를 붙인 것처럼 딱 붙은 것은 그래도 어느 정도 용서할 수 있다. 그러나 애욕의 그물을 찢어 버리고 출가한 자가 알음알이를 좇는 짓을 그만두지 못한다면 책망당해야 할 것이다. 『능엄경』에서도 "미친 마음이 쉬지 않았으나 일단 쉬었다 하면 보리이다."[2]라고 하였다. 이는 교종에서 하는 질책이다. 언어와 문자의 가르침으로 책망한 것이다.

 반면에 달마스님은 "밖으로 모든 반연을 쉬고 안으로 마음이 헐떡이지 않아야 한다."고 하였다. 또 고덕스님들도 "불법을 배우려들지 말고 오로지 마음을 쉬려고만 애써라."라고 하였다. 이것은 선종의 질책이다. 4무량심(四無量心)·6도(六度)·만행군선(萬行群善)·37조도품(三十七助道品)³ 등은 앉아서 윤회에 빠지는 것을 차마 두고 볼 수 없어서 무거운 업을 가볍게 하고 열등한 근기를 우수하게 바꿔 준 것으로서, 모두가 훌륭하고 정교한 방편을 써서 책망한 것이다.

바로 마음의 본체를 말해 보자. 쉼[歇休]이란 말도 따지고 보면 이미 황금가루가 눈에 들어간 격이다. 그런데 어찌 우열경중을 더 의론할 것인가? 그러므로 성인께서는 중생들이 제 마음의 현량을 깨닫지 못하는 것을 보고는 어떻게 할 수 없어서 드디어 화성(化城)의 방편을 써서 중생들을 깨달음의 세계로 인도한 것이다. 그렇다면 자심(自心)이란 무엇이고, 또 현량(現量)이란 무엇인가? 자심이란 불조가 증오한 본래부터 있던 원만한 보리의 본체이다. 그리고 현량이란 중생이 식(識)의 변화에 따라 집착하여 도저히 바꾸어줄 수 없는 망견이다.

어떤 사람이 물어 왔다.

"어떻게 이를 버려야 합니까?"

내가 대답하였다.

"버리려 해서는 안 됩니다. 일부러 버리려 하면 버리려는 자취가 현량이 되어 버립니다. 그러므로 옛날부터 '신령스러운 거북이는 진흙탕에서 꼬리를 끈다'⁴는 비유가 있었던 것입니다. 믿는 마음이 확고하고 참구를 그치지 않아 확연하게 개오(開悟)하면 자심의 현량이 모조리 사라지고 도리어 자각한 성지(聖智)가 됩니다. 이것은 마치 미혹했을 때는 황금을 구리로 잘못 알다가 깨닫고 나서는 그것이 황금이지 구리가 아니라는 것을 단박에 아는 것과 같습니다. 처음에는 구리라고 잘못 알았지만 그것이 본래부터 황금이었다는 사실을 아는 것이 자각한 성지이며, 본래 황금인 것을 구리라 생각하는 것이 자심의 현량입니다. 달마스님은 『능가경』한 권의 요의(要義)를 지니고 직지(直指)의 마음에 그대로 계합하여 현량을 버렸습니다. 그리하여 재앙을 재앙으로 여기고 복을 복으로 여기는 자취를 모두 용납하지 않았던 것입니다. 참선하는 사람들은 이것을 잘 생각해야 합니다."

주
:

1  원문은 "無漏眞淨 云何是中更容他物."이다. 『능엄경』 권5, T19-124b.
2  원문은 "狂心未歇 歇卽菩提."이나 경문에 정확히 일치하는 구절은 없다. 아마도 『능엄경』 권4, T10-121b에서 "네가 업과 과보와 중생 이 세 종류가 상속한다고 세간을 분별하던 것을 따르지만 않으면 세 가지 인연이 끊어지기 때문에 세 가지 원인이 생기지 않을 것이다. 그러면 너의 마음 속 연야달다와 같은 미친 성품은 자연히 쉬게 될 것이다(汝但不隨分別世間. 業果衆生三種相續. 三緣斷故三因不生. 則汝心中演若達多. 狂性自歇. 歇卽菩提)."라고 한 내용을 요약하여 인용한 것으로 추측된다.
3  37조도품(三十七助道品): 37도품(三十七道品)·37보리분법(三十七菩提分法)이라고도 한다. 열반이라는 이상경(理想境)에 다가가는 도행(道行)의 종류이다. 4념처(四念處)·4정근(四正勤)·4여의족(四如意足)·5근(五根)·5력(五力)·7각분(七覺分)·8정도분(八正道分).
4  원문은 "靈龜曳尾."이다. 『장자(莊子)』 「추수편(秋水篇)」에 나오는 이야기를 바탕으로 만들어진 고사성어. 초나라 왕이 어느 날 사람을 보내 낚시를 즐기고 있는 장자를 초청하였다. 그러나 장자는 뒤도 돌아보지 않고 다음과 같이 물었다. "초나라에는 3천년 묵은 죽은 거북을 상자 안에 넣어 묘당(廟堂)에 소중히 보관하고 있다고 들었습니다. 거북이가 생전에 자신이 그렇게 죽어 소중히 간직되길 바라겠습니까, 아니면 살아 꼬리를 진흙 속에서 끌고 다니기를 바라겠습니까?" "물론 진흙 속에서 꼬리를 끌고 다니길 바랐겠지요." 이렇게 대신이 대답하자 장자가 말했다. "그렇다면 이제 얘기는 끝났습니다. 나 역시 진흙 속에서 꼬리를 질질 끌고 다니는 길을 택하겠습니다."

# 06

## 시비를 가리는 마음은
## 어떻게 치료해야 하는가?

●

알음알이[情]란 대체 무엇인가? 알음알이란 집착해서 바꾸기 어려운 허망한 견해이다. 알음알이가 있으면 그것에 집착하지 않을 수 없고, 집착이 있으면 알음알이가 없을 수 없다. 알음알이에 집착하는 까닭은 바로 미망 때문이다. 이러한 미혹의 대상은 무엇인가 하면 바로 자성(自性)이다. 이 자성을 미혹하여 알음알이가 된다. 중생이 알음알이로 집착하는 것에는 같은 점도 있고 다른 점도 있다. 같은 점은 증오와 사랑이 그런 것이고 다르다는 것 또한 증오와 사랑이 그런 것이다. 생각하는 견해의 차별이 매우 다양하기 때문에 모두 한결같을 수는 없다.

    예컨대 두 사람이 있다고 하자. 한 사람은 동쪽을 집착하여 옳다고 한다. 그렇다면 그에게는 향하는 대상이 모두 동쪽일 것이다.

다른 한 사람은 서쪽을 집착하여 옳다고 한다면 향하는 대상이 모두 서쪽일 것이다. 동쪽에 집착하여 옳다고 하는 자는 매양 서쪽을 비난하고, 서쪽에 집착하여 옳다고 하는 자는 자기가 비난받는 것을 모른다. 또한 동쪽을 고집하는 자는 서쪽으로 향하는 사람이 자기의 동쪽을 가리키며 잘못이라 하는 것을 모른다. 그는 동쪽으로 가면 갈수록 스스로 옳다고 믿어 상대방을 더욱 비난한다. 서쪽을 고집하는 자도 이와 같다. 두 사람의 고집은 서로를 파괴하지 못하는 창과 방패와 같다. 이것을 서로 부수지 못한다면 천하의 시비를 해결할 수 있는 사람은 없을 것이다.

그러므로 성인이 세상에 나와 이를 구제하려 한 것이다. 말씀과 가르침을 베풀어 시비를 가리는 마음을 해결하고 알음알이를 따르는 중생들을 교화하려고 하였다. 그러나 이런 성인의 가르침도 그 자취가 드러나면 드러날수록 시비가 더욱 성해졌던 것을 어찌하겠는가?

예로부터 유·불·도 3교(三敎)가 정립해서 서로 헐뜯었던 것도 각기 자기만 옳다고 주장하며 시비를 일삼았기 때문이다. 그러나 부처님이 베푸신 교화는 만법이 모두 한 마음일 뿐이며, 한 마음이 바로 만법이라고 했다. 그러므로 만법을 드러내는 측면에서 교(敎)라 하였고, 한 마음을 표방하는 측면에서 선(禪)이라 한 것이다. 이렇게 명칭은 항상 서로 달랐지만 그 본체는 항상 같았다.

교는 문자를 매개로 하였지만 선은 문자를 매개로 하지 않았다.

그 까닭을 살펴보면 선은 알음알이의 미망을 타파하여 신령한 근원자리인 일심(一心)으로 들어가게 하려는 것뿐이었다. 문자를 매개[卽]로 하느니, 문자를 떠났느니 하는 집착을 화해하지 못해 결국 교와 선이 얼음과 재처럼 겉돌고 있다. 그것은 아마도 문자를 떠났느니, 문자를 매개로 하느니 하는 두 주장이 있기 때문일 것이다. 그러나 교가 교가 아니고, 선이 선이 아닌 경지에 이르러서는 성인이라 해도 옷깃을 여미고 그 앞에서 물러나지 않을 수 없다.

또 불성의 이치를 매일 직접 접하는 이도 시비에 대한 집착을 끊지 못하고 있다. 하물며 평소부터 교리에 어두운 사람이겠는가. 그에게 집착하던 것을 끊어 버리고 시비를 따르지 말라고 하는 것은 현실적으로 불가능한 이야기일 것이다. 이것은 마치 배고픈 사람 앞에 밥을 갖다놓고는 그 밥을 먹지 말라고 하는 것과 같다.

고덕스님의 훈계에 "다른 사람의 잘못과 나의 옳음을 들추지 않으면 자연히 아랫사람은 윗사람을 공경하고 윗사람도 아랫사람을 공경하며 서로 존경하게 된다. 그렇게 되면 불법은 시시때때로 드러나고, 번뇌는 그때그때마다 사라지리라."[1]고 한 말씀이 있다. 참으로 옳으신 말씀이다. 그런데도 그 교훈대로 실천하지 못하는 까닭은 알음알이가 있어 상대방의 시비를 논하지 않을 수 없기 때문이다.

요컨대 집착을 끊는 데는 알음알이를 없애는 것보다 더 좋은 방법이 없고, 알음알이를 없애는 데는 본성을 깨닫는 것보다 우선하는 것이 없다. 본성을 깨닫고 나면 알음알이는 굳이 없애려 하지 않아도 저절로 없어지며, 알음알이가 없어지고 나면 시비에 대한 집착은 봄날 서리가 밝은 햇빛에 녹아내리듯 하리니, 교화되지 않을 이치가 있겠는가?

주
:

1 무주(撫州)의 백양법순(白楊法順) 선사께서 하신 말씀이다.『치문경훈(緇門警訓)』권2「백양순선사시중(白楊順禪師示衆)」, T48-1052c.

# 07

## 내가 살아온 길
〔天目中峰〕

●

　우리 집안은 대대로 항주(杭州)의 신성(新城)에서 살았으며, 성은 손(孫) 씨이다. 그러다 할아버지 대에 전당(錢塘)으로 이주하여 부모가 그곳에서 일곱 자녀를 낳았는데, 나는 그 중 제일 막내였다. 나는 겨우 포대기를 벗어난 시절부터 범패를 읊조리고 불사(佛事)를 흉내 내며 소꿉장난을 했고, 이웃 사람들은 이런 나를 이상하게 여겼다. 일곱 살이 되자 나는 외전(外傳)인 『논어(論語)』・『맹자(孟子)』를 읽었고, 아홉 살이 채 못 되어 어머니를 잃고는 학문을 중지하였다. 어려서부터 출가할 뜻을 갖고 있었지만 세상일에 얽매여 아무리 벗어나려 해도 쉽지가 않았다.

　그러다 24세가 되자 그 속박이 자연히 풀렸다. 이때가 바로 지원(至元) 연간의 병술(丙戌, 1286)년이었다. 이해 5월에 산으로 올라가

고봉(高峰)스님의 제자로 들어갔다. 이윽고 『금강경』을 지송하던 중 '여래를 걸머진다'[1]는 문구에서 분명하게 느낀 바가 있었다.

이로부터 경서(經書)와 어록의 맛에 상당히 심취했는데 깨닫지는 못했었다. 그 이듬해인 정해(丁亥, 1287)년 2월에 우바새 양씨(楊氏)가 생활용품을 주어 산해옹(山海翁)을 따라 산에 올랐고, 그때 비로소 머리를 깎고 먹물 옷을 입었다. 기축(己丑, 1289)년에는 당사(堂司)의 소임을 맡았고, 경인(庚寅, 1290)년에는 몰래 그곳을 떠나려 하였는데 송공(松公)이 알고 기름진 전답 3묘(三畝)를 도와주며 참선을 하게 하였다. 그러고 얼마 되지 않아 코피가 나는 병에 걸려 그것도 그만두고 스승을 시봉하게 되었다.

신묘(辛卯, 1291)년 봄에 구공(瞿公)이 전장(田莊)을 시주하였으나 편지를 보내 되돌려주게 하였다. 임진(壬辰, 1292)년에는 고무(庫務)의 소임을 맡았다.

계사(癸巳, 1293)년과 갑오(甲午, 1294)년에는 시주의 문전이 분주했을 뿐이다. 원정(元貞) 연간 을미(乙未, 1295)년에는 스승께서 병으로 누우셨는데 끝내 일어나지 못하셨다. 장례를 마친 나는 즉시 산을 떠나 오랜 뜻을 이루게 되었다. 병신(丙申, 1296)년에는 오문(吳門) 땅을 왕래하였다. 그리고 대덕(大德) 연간 정유(丁酉, 1297)년 봄에는 걸망을 짊어지고 천주산(天柱山)으로 갔다가 가을이 되자 여부(廬阜)로 갔다. 겨울에는 건강(建康) 땅으로 가서 초가에 은둔하며 10개월을 지냈다.

무술(戊戌, 1298)년 겨울에는 변산(弁山)에 환주암(幻住庵)을 지었고, 이듬해 겨울에는 오문(吳門)에 환주암을 지었다. 그리고 경자(庚子, 1300)와 신축(辛丑, 1301) 연간에는 두 곳에 다 거처하였다.

임인(壬寅, 1302)년에 대각사(大覺寺)에서 주지를 맡아달라고 청해 남서(南徐)로 피했고, 이듬해 계묘(癸卯, 1303)년에 대각사로 목면가사를 되돌려 보냈다.

갑진(甲辰, 1304)년에는 산으로 돌아가 스승의 탑을 지켰다. 을사(乙巳, 1305)년 겨울에는 사자원(師子院)을 맡았고, 병오(丙午, 1306)와 정미(丁未, 1307), 무신(戊申, 1308)년 겨울까지 오(吳)와 송(松) 땅을 번갈아 왕래하느라 산으로 돌아오질 못했다.

기유(己酉, 1309)년에는 의진(儀眞)에서 배를 사 여름에 삽성(霅城)에 닻줄을 매었다. 경술(庚戌, 1310)년에는 천목산(天目山)으로 돌아가 산과 배에서 거처하였다. 신해(辛亥, 1311)년에는 다시 배를 만들어 타고 변수(汴水)로 갔다.

황경(皇慶) 연간 임자(壬子, 1312)년 봄에는 육안산(六安山)에 암자를 지었고, 가을에는 배를 타고 동해주(東海州)로 갔다. 이듬해 계축(癸丑, 1313)년에는 개사(開沙)에 배를 정박시키고 정수(定叟)스님을 대각사(大覺寺)로 보내 머무르게 하였다. 그리고 나는 환산암(環山菴)으로 가서 머물렀다.

연우(延祐) 연간 갑인(甲寅, 1314)년 봄에는 다시 사자원(師子院)을 맡았다. 이듬해 을묘(乙卯, 1315)년에는 대와(大窩)에 암자를 지었고,

병진(丙辰, 1316)년 봄에는 당뇨병이 생겨 고생하였다. 그해 여름 남심(南潯)에 배를 정박시켰다.

정사(丁巳, 1317)년에는 단양(丹陽)의 대동암(大同菴)에서 거처하였고, 이듬해 무오(戊午, 1318)년에 다시 천목산으로 돌아왔다. 기미(己未, 1319)와 경신(庚申, 1320)에서 지치(至治) 연간의 신유(辛酉, 1321)와 임술(壬戌, 1322)에 이르자 내 나이 60이 되었다. 그해 여름 중가산(中佳山)에 암자를 짓고는 출가하던 해인 병술(丙戌, 1286)년에서 60세가 된 임술(壬戌, 1322)년까지 37년간의 생활을 모두 청산하고, 허깨비 같은 자취를 멀리 이끌고 가서 인연을 피할 계획을 세웠다.

내가 처음 발심하여 출가한 뜻은 초의(草衣)에 때 묻은 얼굴로 두타행(頭陀行)²을 익히려 했던 것인데 외람되게 전의(田衣)³를 입었으니, 결국 종신토록 부끄러움만 안게 되었다. 그렇다고 문자를 주물렀지만 학문을 완성하지도 못했고, 참구했지만 깨달아 밝히지도 못했다. 평소에 쓸데없는 일을 만들기 좋아하는 사람들이 칭찬했던 것은 보연(報緣)의 우연일 뿐이었다. 항상 은퇴해 쉬는 것을 흠모했을 뿐 세상을 바로잡거나 세속의 일을 끊지도 못하고서 앉아서 신자들의 시주만 받아먹었으니 위태롭고 불안할 뿐이다.

옛 사람은 나이 50이 되어서 지난 49년간의 잘못을 알았다고 했다. 지금 내 나이 60이 되어 지난 일들을 돌이켜 생각해 보니, 거의가 헛된 알음알이에 가린 세월이었음을 고백하지 않을 수 없다. 어찌 이치에 합당할 까닭이나 있었겠는가? 덧없는 세월과 허깨비 같은 이 몸은 잠깐 사이에 변하니 이런 나의 회포를 글로 써서 스스로를 경책하려 한다.

주
:

1   원문은 "荷擔如來."이다.『금강반야바라밀경(金剛般若波羅蜜經)』, T8-750c.
2   두타행(頭陀行) : 두타(頭陀)는 dhūta의 음역으로 두다(杜多)·두타(杜陀)라고도 하며, 두수(抖擻)·수치(修治)·세완(洗浣)·기제(棄除)·도태(淘汰)로 의역하기도 한다. 의·식·주에 대한 탐착과 번뇌의 티끌을 떨어 없앤다는 뜻이다. 그 행위를 12종으로 분류해 12두타행(十二頭陀行)이라고도 한다. 그 행위는 대략 한적한 숲이나 들인 아란야에 거주하며 떨어진 옷을 입고 걸식으로 생각하는 것을 내용으로 하고 있다.
3   전의(田衣) : 비구들이 입는 가사는 밭들이 이어진 들판의 모양과 같으므로 전의라 한다. 또한 곡식을 키우는 밭처럼 나와 남 모두의 공덕을 키우는 이들이 입는 옷이라 해서 복전의(福田衣)라 하기도 한다.

# 동어서화 속집·상

# 01

## 별전인 선은 교와 다른가?

　1년이라는 세월이 없다면 천변만화의 공을 완성할 수 없고, 마음이 아니면 만법의 자취를 거두어들일 수 없다. 그리고 1년은 봄·여름·가을·겨울의 4계절로 분명히 구별되지만 1년이라는 세월과 별개로 4계절이 독립적으로 존재하는 것은 아니다. 이처럼 돈(頓)·점(漸)·편(偏)·원(圓)[1]이 이치상으로 보면 분명히 구별되지만 한 마음을 떠나서 독립적으로 존재하지는 않는다. 또 한 해는 제 스스로 봄·여름·가을·겨울의 구별이 있다는 것을 알지 못하나 4계절의 질서는 한 해를 이룬다. 이처럼 마음은 돈·점·편·원의 구별이 있다는 것을 모르나 4교(四敎)는 그 마음을 드러내 준다.

　그렇다면 우리는 다음 사실을 알 수 있다. 차별을 떠나서 달리 동일함이 있을 수 없으며, 동일함을 떠나서 달리 차별이 있을 수 없다. 차별에 상즉(相卽)한 동일함이므로 넷이 하나를 떠나서 따로 존재할 수 없고, 동일함에 상즉한 차별이므로 하나가 넷을 떠나 따로 존재할 수 없다. 만약 동일한 측면만 있다면 교화의 방편을 철저하게 하지 못할 것이고, 차별적인 측면만 있다면 그 근본자리에 화합하지 못할 것이다. 이렇게 동일과 차별의 뜻에서 볼 때는 서로 양립되지 않을 수 없으며, 근본 자취라는 측면에서 볼 때는 동시에 받아들이지 않을 수 없다.

달마스님의 선을 비방하는 사람들이 이렇게 말하는 경우가 종종 있다. "일대시교(一代時敎)는 여래가 본래부터 품고 있었던 내용을 그대로 모두 드러낸 것이다. 선사들이 비록 교외별전이라고 하지만 어찌 교(敎) 밖에 다 전하지 못한 법이 따로 있어서 달리 전했을 리 있겠는가? 만일 따로 전한 그 무엇이 있다고 한다면 외도(外道)라는 소리를 들을 것이고, 그렇지 않고 따로 전한 것이 없다고 한다면 허망한 소리를 지껄이는 오류를 범한 것이다." 이런 비난에 대해서는 앞에서 말한 한 마음과 4교의 관계로써 설명했다. 그러나 지금 다시 달마스님의 선을 비방하는 사람들을 위해 몇 마디 하겠다.

"부처님이 사바세계에 태어나시자마자 한 손으로 하늘을, 한 손으로 땅을 가리키고는 일곱 걸음을 걸으셨습니다. 이 행위는 어떤 교의(敎義)에 속합니까? 바로 이것이 별전(別傳)을 처음으로 분명히 보이신 것입니다. 어찌 최후에 꽃 한 송이를 가섭에게 보인 뒤에야 비로소 따로 전했다 하겠습니까? 49년 동안 중생의 근기 따라 설법하고, 그러고 나서는 그대로 방편을 버리게 한 일 등이 모두 별전의 종지(宗旨)입니다. 그러니 어찌 사바에 출현하시자마자 일곱 걸음 걸으신 것과 최후에 이르러 꽃 한 송이 든 것만 별전이겠습니까? 이른바 별전이란 교 밖에 따로 존재하는 선을 말한 것도 아니고, 마음 밖에 따로 있는 법도 아니며, 언어와 문자를 떠나 따로 언어로써 형용하지 못할 비밀스런 삼매가 있는 것도 아니고, 그렇다고 이치 밖에 따로 이치가 있는 것도 아닙니다. 또한 괜히 할 일 없이 고의로 이 말을 지어낸 것은 더구나 아닙니다.

왜냐하면 처음부터 끝까지 한 마음만을 보였을 뿐이기 때문입니다. 한 마음을 의지하여 가르친 것은 한 법일 뿐입니다. 그러니 어떻게 이른바 '따로[別]'라는 것이 있겠습니까? 분명히 알아야 할 것은 신령스럽게 아는 마음의 본체는 언어로 설명할 수 없고 경험적인 지식으로도 설명할 수 없으며, 문자로 설명할 수 없고 내지는 일체 모든 형상으로도 설명할 수 없습니다.

그러나 비록 언어로 설명할 수 없다고는 하지만 언어가 아니면 가르침 자체를 세울 수가 없으며, 경험적 지식으로 설명할 수 없다고는 하지만 경험적 지식이 아니면 그 가르침을 전할 수 없으며, 논리적 사유로 설명할 수 없다고는 하지만 사유가 아니면 그 가르침에 도달할 수 없으며, 문자로 설명할 수 없다고는 하지만 문자가 아니면 그 가르침을 체계화시킬 수 없습니다. 그러므로 언어와 문자

등이 바로 교(敎)이며, 그것을 떠난 것이 교외별전(敎外別傳)임을 알아야 합니다.

교는 마음을 언어와 문자로 밝힌 것이며, 교외별전은 언어와 문자를 뛰어넘어 마음 그 자체에 오묘하게 계합하게 하는 것입니다. 가령 언어와 문자 밖에 따로 다른 뜻이 없다면 경전에서 '모든 법이 고요히 멸한 모습은 말로는 도저히 설명할 수 없다'[2]고 말하지 않았을 것이며, 또 '이 법은 사량분별로 알 수 없다'[3]고 말하지도 않았을 것입니다."

어떤 이들은 이렇게 말한다.

"언어나 문자 등으로는 정말 여래의 마음에 계합할 수 없습니까?"

내가 대답했다.

"그렇지 않습니다. '처음 녹야원에서부터 설법을 시작하여 입멸하신 발제하(跋提河)에 이르기까지 그 사이에 한 글자도 말하지 않았다'는 말을 들어보지 못했습니까? 그러나 한편 일대장교(一大藏敎)가 어떻게 언어나 문자 없이 이루어질 수 있었겠습니까? 실로 여래의 본뜻을 통철하게 깨닫지 못하고 그저 언어나 문자에 집착한다면 진정한 교가 아니며, 그렇다고 문자가 쓸모없다고 고집한다면 그것도 참된 선이 아닙니다. 걸핏하면 유와 무의 알음알이에 집착하는 것은 교와 선에서 모두 배척하는 점입니다.

교외별전이란 바로 선을 두고 하는 말이며, 선이란 한 마음의 다른 명칭에 불과합니다. 그런데 인간세계와 하늘나라의 2승(二乘)들이 수행하는 4선8정(四禪八定)[4]의 선에서는 반드시 육신을 마른 고목처럼 하고 마음을 죽여 알음알이를 없애며 식(識)을 끊도록 합니다. 하지만 이것은 달마스님의 바로 가리키는 선[直指之禪]과는 판이하게 다릅니다. 선의 본체는 금강왕보검(金剛王寶劍)과도 같습니다. 스스로가 기연에 앞서 알아차리고 말 밖에서 헤아리는, 숙세에 닦아서 날 때부터 아는 날카로운 상근기가 아니라면 경험과 사유 등으로 향하려 합니다. 알음알이를 털끝만큼만 일으켜도 뱃전에 표시를 하는 격[刻舟][5]이리니 무슨 이익이 있겠습니까?

멀리 달마스님으로부터 계속 전하여 지금에 이르기까지, 마치 허공에 도장을 찍는 것처럼 문자나 형상을 드러내지는 않았으나 지극한 이치는 분명히 존재합니다. 그러므로 별전이라는 말을 믿는 데는 실로 이유가 있다 하겠습니다. 종합하여 한마디로 표현하면 선은 문자를 떠난 교이며, 교는 문자가 있는 선입니다. 선과 교에서 한 털끝만큼이라도 공통점을 찾으려 해도 결코 찾지 못하는데, 더구나 무슨 구별이 있을 수 있겠습니까? 다만 구별되는 점은 교화의 방편이 서로 다를 뿐입니다. 비유하자면 단단한 얼음과 한 여름날 뙤약볕이 하루 한 날 동시에 존재할 수 없는 것과 같습니다."

주
:

1 돈(頓)·점(漸)·편(偏)·원(圓) : 부처님의 가르침을 그 교설방법과 내용에 따라 네 가지로 분류한 것이다. 돈교는 단박에 깨닫는 방법, 점교는 단계를 밟아 체계적으로 깨닫는 방법, 편교는 진리의 일부만 드러낸 교설, 원교는 진리를 온전히 드러낸 교설을 말한다.
2 원문은 "諸法寂滅相 不可以言宣."이다. 『법화경』 권1 「방편품」, T9-8b의 게송에 나오는 구절이다.
3 원문은 "此法非思量分別之所能解."이다. 『법화경』 권1 「방편품」, T9-7a에서 "是法非思量分別之所能解."라 하였다.
4 4선8정(四禪八定) : 4선은 색계의 선정인 초선·제2선·제3선·제4선이다. 여기에 무색계의 선정인 공무변처정(空無邊處定)·식무변처정(識無邊處定)·무소유처정(無所有處定)·비상비비상처정(非想非非想處定)을 합해 8정이라 한다.
5 뱃전에 표시를 하는 격[刻舟] : 어리석은 행위를 일컫는 말이다. 옛날에 초나라 사람이 배를 타고 강을 건너다 실수로 칼을 물에 빠트리자 곧바로 뱃전에 표시를 하였다. 그리고는 배가 나루에 닿자 표를 해놓은 뱃전 밑에서 잃어버린 칼을 찾아 헤맸다고 한다. 『여씨춘추(呂氏春秋)』

# 02

## 방편은 깨달음에 어느 정도 도움이 되는가?

●

　약을 먹었다고 해서 모든 병이 반드시 치료되는 것은 아니며, 병이 들었다고 해서 반드시 죽는 것은 아니다. 약을 쓰느냐 마느냐 혹은 목숨을 구하느냐 구하지 못하느냐는 의사의 잘잘못에 달려 있을 뿐이다. 실로 건강의 요체를 체득하여 추위로써 추위를 물리치고 더위로써 더위를 물리친다면, 실한데다 더욱 실하게 하고 허한데다 더욱 허하게 하는 오류는 없을 것이다. 그 요체를 체득하지 못하여 혹 털끝만큼이라도 약을 잘못 투여한다면 큰 병에 걸린 것도 아닌데 도리어 약 때문에 죽게 된다.

　이 세상에 노편(盧扁)[1]처럼 훌륭한 의사가 없었더라면 수만금의 가치가 있는 신약(神藥)이라 해도 오히려 사람을 죽일 수 있었을 것이다. 약을 어떻게 쓰는가에 따라 이로움과 해로움의 차이는 클 수 밖에 없다. 부처님을 3계의 대의왕(大醫王)이라 한다. 부처님은 오로지 최고의 신령한 약으로써 법신(法身)의 병을 치료하였는데, 증세에 따라 방편을 쓸 경우 순(順)으로 사용하기도 하고 역(逆)으로 시술하기도 하면서 자유자재로 치료해 주셨다. 세간에서 말하는 어떤 신성(神聖)의 뛰어난 기술도 부처님에게는 비교될 수 없다.

　나는 그 뒤로 『원각경』을 열람했었다. 문수보살이 처음 부처님께서 수행했던 인지(因地)에 대하여 질문하자 "영원히 무명을 끊어야만 불도를 이룰 수 있다."고 대답하셨다. 보현보살이 몸과 마음이 모두 허깨비인데 어떻게 이 허깨비인 몸으로서 허깨비인 무명을 없앨 수 있을까에 대해 질문하자 이렇게 대답하셨다. "마땅히 모든 허망한 경계를 멀리 벗어나야 하나니, 멀리 벗어나야겠다는 마음을 굳게 간직하기 때문에 '마음이 허깨비 같다'는 생각조차도 멀리 벗어나야 한다. '멀리 벗어났다'는 생각마저 허깨비니 또한 멀리 벗어나야 하며, '멀리 벗어났다는 허깨비마저 벗어났다'는 것 역시 멀리 벗어나 더 이상 벗어날 것이 없게 되면 곧 모든 허깨비를 없앤 것이다."

　또 보안보살이 수행의 차례를 질문하자 부처님께서는 "먼저 여래의 사마타행(奢摩他行)[2]에 의지하여 계율을 잘 지키고, 여러 대중과 함께 수행하며, 조용한 방에 단정히 앉아 4대(四大)와 6근(六根)과 6진(六塵)이 허망하게 화합하여 이 몸이 되었다고 두루 관찰하여야 한다. 그런 다음 몸과 마음의 6근·6진과 함께 허깨비가 소멸하면 곧 모든 곳이 다 청정하리라."고 하셨다.

또 미륵보살이 불보리(佛菩提)를 닦는 차별이 몇 종류나 되는가에 대해 묻자 부처님께서는 "생사를 해탈하여 윤회를 면하고자 한다면 우선 탐욕을 끊고 애욕을 제거해야 한다."고 하셨다.

또 청정혜보살이 범부와 성인이 증오하고 체득하는 것에 어떤 차별이 있는가에 대해 질문하자 "모든 장애가 바로 구경각이며, 바른 생각을 얻건 잃건 해탈 아님이 없다."고 하시고, 나아가 "항상 어느 때라도 허망한 생각을 하지 말고, 허망을 쉬어 없애려 하지도 말라."고 답변하셨다.

또 위덕자재보살이 모든 방편과 순서를 질문하자 "세 종류의 청정한 관(觀)을 닦아야 한다. 말하자면 적정사마타(寂靜奢摩他)와 여환삼마발제(如幻三摩鉢提)와 적멸선나(寂滅禪那) 등이다."라고 대답하셨다.

또 변음보살이 원각법문(圓覺法門)을 몇 가지로 수행해 닦아야 하는가에 대해 묻자 "25종청정묘륜(二十五種淸淨妙輪)으로써 앞에서 말한 3관(三觀)을 홀로 또는 겹으로 닦아야 한다."라고 대답하셨다.

또 정제업장보살이 본성은 청정한데 무엇 때문에 더러워졌는가에 대해 질문하자 "4상(四相)을 분명히 깨닫지 못하기 때문에 성스러운 과위를 이루지 못하는 것이다."고 대답하시고, 또 "오로지 정근하여 번뇌를 항복받고, 대용맹을 일으켜 얻지 못한 것은 얻고 끊지 못한 것은 끊어지게 해야 한다."고 답변하셨다.

원각보살이 어떻게 안거하며 원각의 청정한 경계를 수행해야 하는가에 대해 질문하자 "세 기간을 정하여 간절하게 참회하고, 다시 3종정관(三種淨觀) 중 하나를 분수에 따라 배워야 한다."고 답변하셨다.

이상은 모두 대비하신 부처님께서 모든 보살과 말세 중생들에게 널리 고하신 것으로서 깨달음의 본체를 청정하게 다스리는 선견(善見)이며 묘약이다.

무엇 때문에 유독 보각보살의 질문에 답변한 「보각장(普覺章)」에서 네 가지 병통[四病]을 지적하셨을까? 즉 작(作)·지(止)·임(任)·멸(滅)을 병통이라고 했는데, 그렇다면 앞에서 말한 선견신약(善見神藥)도 결국은 모두 이 네 가지 병통에 불과할 뿐이다. 왜냐하면 '모든 허깨비를 멀리 벗어나야 한다'는 데서부터 '계행을 철저히 지키며 3기를 건립해야 한다'는 등까지의 부처님 말씀이 어찌 작(作)에 해당하는 것이 아니겠는가? 또 '우선적으로 탐욕을 끊고 애욕을 제거해야 한다'는 부분부터 '고요한 방에 단정히 앉아 사마타행을 닦아야 한다'는 등까지가 어찌 지(止)에 해당하지 않겠는가?

그런가 하면 '일체의 장애가 바로 구경각(究竟覺)이다'에서부터 '모든 허망한 마음도 쉬거나 소멸하려 하지 말아야 한다'는 등등의 말씀이 어찌 임(任)이 아니겠는가? 또 '무명(無明)을 영원히 단절하고'에서부터 '4대·6근이 허망하게 화합했다가 허깨비와 함께 소멸한다'는 등까지가 어찌 멸(滅)이 아니고 무엇이겠는가?

가만히 살펴보았더니, 법신(法身)이 5도(五道)에 유전하며 중생이 된 까닭은 안으로 3독(三毒)에 훈습되고, 밖으로 4전도(四顚倒)[3]에 미혹했기 때문에 끝없는 생사의 바다 속으로 굴러들어가게 된 것이다. 그런데 여래께서 3독·4전도를 지적하여 병통이라 하지 않고, 오히려 작·지·임·멸을 병통이라 하신 까닭은 무엇일까? 또 작·지·임·멸이 원래 원각(圓覺)의 궁극에 나아가는 데는 부족하다 하더라도 성도(聖道)를 깨닫는 점차적인 방법에서는 반드시 필요한 것이다. 3독과 4전도에 비교한다면 어찌 하늘과 땅 차이가 아니겠는가? 생각이 여기까지 미치자 비록 성인의 말씀이지만 의심을 하지 않을 수 없었다. 내가 이 의심을 여기에서 풀어보여 주겠다.

들어보지 못했는가? '한때 바가바(婆伽婆)께서 신통대광명장(神通大光明藏)에 들어가 삼매를 그대로 받으셨다'[4]고 했는데 들어간 바로 그때 위로는 모든 부처님과 동일하였고, 아래로는 중생과 10법계(十法界) 가운데의 유정(有情)·무정(無情)들과 동시에 함께 들어갔다. 예로부터 지금에 이르기까지 앉은 자리에서 잠시도 일어나지 않았으며, 바로 거기에는 주인도 손님도 없고, 성인이니 범부니 하는 구별도 없고, 몸과 마음이 혼융하여 하나이며, 성(性)과 상(相)이 평등하다. 그러나 20명의 보살은 경(境)과 지(智)를 모두 없애지 못해 질문하여 시시비비를 일으켰다.

그러므로 여래께서 대원각(大圓覺)에 의거해 그들의 질문에 따라 어떻게 수행하고 깨달아야 하는지를 자세하게 말씀하시니, 곧 작·지·임·멸을 두루두루 가르쳐 약으로 삼으신 것이다. 그러나 「보각장」에 와서는 앞에서 말한 내용을 수습하고 현묘하게 창도하려고 작·지·임·멸을 모두 배척하여 '병통'이라고 말씀하신 것이다. 즉 '병통'이란 한마디 말로 취사(取捨)를 모두 부정한 것이다.

긍정할 줄만 알고 부정할 줄 모른다면 문답을 서로 주고받느라 원각을 혼동할 것이고, 부정할 줄만 알고 긍정할 줄 모른다면 그저 부정만 하느라 원각을 잃어버릴 것이다. 분명히 알아야 할 것은 긍정 또한 약이며, 부정 또한 약이라는 사실이다. 긍정해 주는 것이 약이 된다 함은 3독·4전도의 정병(正病)을 치료한 것이고, 부정하는 것이 약이 된다 함은 작·지·임·멸의 조병(助病)을 다스린 것이다.

세상에서 육신의 병을 치료하는 사례를 보지 못했는가? 일반적으로 처음 정병(正病)에 감염되었을 때에는 처방을 내려 치료한다. 그러나 투여했던 약을 지나치게 고집하게 되면 결국 이로 인해 처음 감염된 정병은 병으로 여기지도 않게 되고 도리어 약 자체가 병통이 되어 끝내 치료해 볼 도리가 없게 된다. 약이 도리어 병이 된 것은 어지간한 의원은 치료할 수 없다. 그러므로 분명히 알아야 한다. 약 때문에 생긴 병의 근원인 작·지·임·멸을 여래께서 분명히 밝히지 않으셨다면 그 누구라서 그 병통을 지적해낼 수 있었겠는가?

깨달음에는 허망을 깨닫는 깨달음과 신령스런 밝음의 깨달음,

두 가지가 있다는 것을 알아야 한다.

허망을 깨닫는 깨달음이란 일체의 때와 오물 및 세간 출세간의 갖가지 보고 들은 훈습들을 치료하는 것이 바로 그것이다. 신령스런 밝음의 깨달음은 본각(本覺)이라고도 하고 원각(圓覺)이라고도 하는데, 그 본체가 범부니 성인이니 하는 구별을 떠나고 그 자취에 나니 남이니 하는 구별이 끊어진 것이다. 색과 공을 함께 없애고 능(能)과 소(所)를 둘 다 잊어 고금에 두루 밝고 고요하여 조금도 흔들리지 않으며, 그 사이에 한 티끌도 없어 마주보는 자체가 원만하고 청정하다. 보리·열반·진여·반야라 해도 이 경계에 오게 되면 모두 병통이 되고 만다. 그러니 어찌 작·지·임·멸이 병통이 아닐 수 있겠는가.

주
:

1 노편(盧扁) : 편작(扁鵲)을 일컫는다. 편작이 노나라 땅에 오래 거주하였기 때문에 노편이라 불렀다. 편작은 중국 역사상 첫 번째로 정식 전기(傳記) 고대 의학가이다. 그는 중국 고대 의학의 발전에 중대한 공헌을 하였고, 이 때문에 후대 의학가들에게 '의학의 조사(祖師)'로 여겨진다. 『사기(史記)』에 따르면 편작의 성은 진(秦) 씨이고 이름은 월인(越人)이며, 발해군(勃海郡) 정(鄭) 나라 사람이다. 젊었을 때 여관을 경영하던 사장(舍長)이었는데 투숙객 중 장상군(長桑君)이라는 의사를 좇아가 의술을 배웠다. 맥을 짚어 병을 진단하는 법을 그가 창시했다고 한다.
2 사마타행(奢摩他行) : śamatha의 음역이다. 지(止)·지식(止息)·적정(寂靜)·능멸(能滅)로 의역하기도 한다. 마음 가운데 일어나는 일체 망념을 쉬고, 마음을 한곳에 집중시키는 것이다.
3 4전도(四顚倒) : 4도(四倒)라고도 한다. 네 가지 뒤바뀐 견해로서 여기에도 범부와 이승의 차별이 있다. 범부는 무상(無常)·무락(無樂)·무아(無我)·무정(無淨)인 생사의 세계를 상(常)·낙(樂)·아(我)·정(淨)이라고 거꾸로 생각한다. 또 이승은 상·낙·아·정인 열반의 세계를 무상·무락·무아·무정이라고 거꾸로 생각한다. 두 가지 모두 잘못된 견해이다.
4 『원각경』의 첫 구절이다. T17-913a.

# 03

## 교화의 성쇠는 무엇에 달렸는가?

●

　선한 행동을 하면 복을 받고 악한 행동을 하면 재앙을 입으며, 올바르게 행동하면 도에 합하고 삿된 행동을 하면 업을 짓는다. 이 이치는 너무도 분명하여 마치 흑색과 백색을 서로 혼동할 수 없는 것과 같다.
　진여의 청정한 경계에는 애초에 선·악·사(邪)·정(正)이 없다. 이 모두가 한 생각 홀연히 일어날 때 관조(觀照)를 잃었기 때문에 부득불 있게 된 것이다. 선·악·사·정이 있기 때문에 3계(三界)의 번뇌가 생각 생각에 일어났다 없어졌다 하며 잠시도 쉬지 않고, 성·주·괴·공이 순환하며 그치질 않는 것이다. 그래서 부처님께서 자비심을 일으켜 가르침을 세우고 교화해 악을 버리고 선을 따르게 하다가 끝내는 선도 잊어 버리고 도에 합치하게 했으며, 또한 삿됨을 버리고 올바름에 돌아가게 하다가 끝내는 그 올바름마저 잊어버리고 마음에 회합하게 하신 것이다. 한 생각도 움직이지 않아 3계가 텅 비고, 한 티끌도 요동하지 않아 번뇌가 다 없어지면 다시 본제(本際)로 돌아가 근원을 꿰뚫게 되고, 교화의 방편마저 저절로 없어져 버린다.

악을 버리면 육친의 은혜와 사랑을 끊고 이익과 명예를 멀리하여 번뇌를 벗어나 탐욕이 사라진다. 삿됨을 버리면 만물과 내가 평등해지고 시비가 끊어져 경험적 지식이 사라지고 주관과 객관의 대립이 없어진다. 선을 따르면 계율을 지키고 선나(禪那)를 닦아 공적한 깨달음에 나아간다. 올바름으로 돌아가면 법의 근원을 분명히 깨달아 진제(眞諦)를 통철하게 밝혀 불심(佛心)에 계합하고 성도(聖道)를 이룬다. 나아가 사·정·선·악이 모여 일념으로 돌아가면 항상 상대의 근기를 관찰해 교화를 베풀고 뭇 중생을 두루 제도하게 된다. 그러면 그저 손가는 대로 하더라도 하는 일마다 오묘한 작용 아닌 것이 없다.

중생의 서원을 따르고 불조의 은혜에 보답하며, 온몸 그대로가 손이고 눈이지만 한 기연도 드러내지 않으며, 왕성하게 작용하나 손끝 하나 까딱하지 않고, 손 털고 오가면서 전혀 구속이 없다. 이것이 바로 성인이 한 시대를 교화하시는 근본 뜻이다. 뭇 종파와 서로 다른 가르침들이 각각 다른 가풍을 세웠다 하더라도 모두 여기에서 벗어나지 않는다.

앞서 부처님께서 건립하시고 조사들께서 서로 계승하여 크고 작은 가람들이 사방곳곳에 분포하고 있다. 한 지방의 어른노릇 하는 자로서 혹 선악을 거꾸로 생각하는 자가 있다면 재앙과 복의 기미가 생각을 따라 메아리처럼 호응할 것이니, 안으로 자기의 덕을 갈무리하고 밖으로 널리 교화를 펴려면 이 점을 살피지 않아서는 안 된다.

알음알이는 뛰는 말처럼 쉽게 일어나고 정(情)은 원숭이처럼 움직이길 좋아하여 제어할 수가 없다. 그러므로 성현이 예의를 제정하고 법도를 만들어 한 생각 일어나기 이전의 매우 미세한 번뇌를 미리 방지하며 그것이 점차적으로 커지는 것을 막으려 했다. 가령 작은 번뇌를 막을 줄 모른다면 그 많은 집착을 어떻게 구제하겠으며, 점차적으로 커지는 번뇌를 막을 줄 모른다면 갑자기 일어나는 번뇌를 수습하기가 더욱 어렵다. 이것은 마치 물과 불이 미약할 때나 점차로 커지려고 하는 시초에 방지하면 결코 물이나 불 때문에 산이 무너지고 들판이 모두 타 버리는 지경까지는 가지 않는 것과 같다.

그러므로 부처님께서는 만승(萬乘)의 권세를 버리고 필부가 던지는 갖은 욕을 달게 받았으며, 속세의 엄청난 부귀를 모두 버리고 자기 나라 백성들에게서 옷과 음식을 구걸하였다. 궁실의 화려함을 모두 버리고 한 몸뚱이를 그저 초목 아래에서 굴렸으며, 부모와 처자와의 관계가 매우 귀중하지만 그것을 모두 끊고 갖은 고생을 몸소 겪으셨다. 이렇게 행동하신 이유는, 가엾는 중생들이 한량없는 욕심덩어리가 알음알이에 깊이 뿌리박혀 그것을 단번에 제압할 수 없는 것을 아주 애통하게 여기셨기 때문이다. 그리하여 부처님께서 이것을 고쳐 주려고 세간에 화현하신 것이다. 실로 작은 상태일 때 방지하고 점차 커지려는 길목을 막는 대지(大旨)라 하겠다.

교화가 잘 되느냐 못 되느냐는 처음부터 결정된 것이 아니다. 그것은 도덕과 욕심의 사이에서 결정된다. 가령 도덕을 잘 지키면 교화가 잘 되기를 억지로 바라지 않아도 잘 되고, 반대로 욕심을 부리면 교화가 안 되기를 기대하지 않아도 잘 안 된다. 우리는 다음 사실을 분명히 알아야 한다. 즉 불조께서 성대하게 교화를 펴신 뒤로부터 세월이 차츰 흘러 점점 중생들의 근기가 쇠퇴하게 되자 마침내 도덕마저 차츰 사라지게 되었다. 그런가 하면 시간이 흘러 세상사가 변화하는 동안에 탐욕과 망령된 행위들은 나날이 더해 욕심은 더욱 많아졌다.

도덕과 욕심과의 관계는 밝음과 어둠이 동시에 한 공간에 존재할 수 없고, 물과 불이 같은 그릇에 담길 수 없는 것과 비슷하다. 지금 수도하는 도량에 단정하게 거처하면서도 작은 욕심들을 막을 줄 모르는 것은 참으로 위태로운 일이 아닐 수 없다. 더구나 서로서로 욕심을 부리고 이익으로써 서로를 유혹해서야 되겠는가? 잘못을 깨닫기는커녕 오히려 당연하게 여긴다면 바싹 마른 불쏘시개에 횃불을 던지는 것과 다름없으리라. 경계의 바람이 매일 불어와 재앙이 끊임없이 일어나는데도 도리어 근심하지 않고, 가만히 앉아서 교화가 저절로 이루어지기를 기다리는 자는 그물 속에 바람을 채우려는 것이다. 이토록 생각 없는 사람들을 많이 보게 되니 참으로 슬픈 일이다.

04

## 선가에서는 왜 의미 없는 말들을 사용하는가?

　세간에서 쓰이고 있는 문자와 언어는, 그것이 마음속에서 발동하여 입으로 나오면 말한 사람의 감정이 밖으로 드러나므로 의미 없는 말은 하나도 없게 된다. 따라서 말하는 사람의 감정이 부드럽고 좋으면 그 말도 온화하고, 반대로 증오하고 질투하는 마음이 있으면 그 말 또한 거칠다. 또 노하면 그 말은 절박하면서도 원망스러우며, 마음이 순조롭고 너그러우면 그 말 또한 자재하면서도 이치에 알맞고, 무언가 뽐내고 꾸미려 하면 그 말은 직접적이지를 못하고 번지르르하며, 속되고 촌스러우면 그 말은 소박하지만 졸렬하다. 이것은 모두 언어의 겉모습이다. 그러므로 말의 의미를 살피고자 한다면 먼저 그 겉모습을 관찰해야 한다. 또 겉모습을 통달하고 나면 결국 그 마음의 감정을 알게 되고, 나아가 그 말의 의미를 따져 볼 수 있다.

이른바 의미[義]는 감정에 맞는 것을 의식이 주재하여 언어로써 선포한 것이다. 대체로 언어란 감정이 반연한 의미를 모사하여 아름답게 꾸민 것이다. 실로 감정이 미치지 못하고 알음알이가 적용되지 못하면 종일토록 어떤 것에 대해 설명한다 해도 한마디도 말한 게 없는 것이 되리라. 이런 것이 어찌 사람의 말에만 해당하겠는가? 거위가 울고 까치가 울고 개가 짖고 닭이 우는 등등 감정을 가진 존재들이 한 번 소리를 내었다 하면 그 속에는 반드시 주장하는 의미가 들어 있다. 다만 인간들이 그것을 알아차리지 못할 뿐이다. 겉으로 나타난 음성이 있는데 그것의 의미가 어찌 없겠는가?

그러나 우리 불조의 도는 이와 다르다. 부처님이 탄생하시자마자 손으로 하늘과 땅을 가리키고 앞으로 일곱 걸음을 걸으면서부터 영취산에서 꽃 한 송이를 들어 보이실 때까지, 그 사이에 부처님의 설법을 들은 백만 억 대중들이 모두 신통과 지혜를 갖춘 성인이었음에 분명하다. 그런 그들도 깊이 생각하고 또 사고했지만 끝내 부처님의 뜻을 겉껍질조차 헤아리지 못했다. 오직 가섭존자만이 꽃을 보고 미소 지었을 뿐이다.

달마조사가 서쪽에서 중국으로 건너오고부터 양종5파(兩宗五派)[1]가 하늘의 별과 바둑판처럼 온 세상에 부포되었다. 그리하여 선(禪)이 무엇이냐고 물으면 "수미산(須彌山)이다."[2], "이 무엇인가?"³, "동해바다 속 잉어가 한 방 때리는구나."⁴, "며느리는 나귀를 타고 시어머니가 끈다."⁵, "나에게 선판(禪板)을 가져오라."⁶, "이 밥통아, 강서(江西)든 호남(湖南)이든 당장 꺼져라."⁷는 등등의 대답이 흉흉하여 끊임이 없었다. 이는 마치 장강대하(長江大河)를 도저히 막을 수 없는 것과 같았다.

　이를 맛보려 하면 마치 나무로 만든 국과 무쇠 못으로 만든 밥과 같았다. 그리고 가까이하려 하면 취모검(吹毛劍)⁸이나 불무더기와 같아 가까이할 수 없었고, 눈으로 보려 하면 번득이는 번갯불이나 부싯돌의 불빛과도 같았으며, 귀로 들으려 하면 독을 바른 북이나 가문 땅 위에 내려치는 우레 소리와도 같았으며, 그 속으로 들어가려 하면 가시덤불과 같았고, 뚫으려 하면 마치 무쇠로 된 절벽과도 같았다. 그렇다고 말로는 물론 말 없음으로도 알 수 없고, 지식으로는 더더욱 알 수 없었다. 이것에 대해서는 뭇 귀신들조차 어찌 할 수 없었다. 그래서 이것을 가리켜 의미 없는 말[無義語]이라 한다.

　의미가 없는 말은 희로애락의 범위를 초월하고, 알음알이의 범위를 벗어난다. 그러니 어떻게 경전의 문자와 나아가 성인이니 범부이니 하는 단계 따위로 깨달을 수 있겠는가? 참으로 애석하다. 참선하는 납자들이 이것을 알지 못하고서 되는대로 이 소리 저 소리 지껄이며 자기 멋대로 천착하면서 "이 말은 놓아주는 것이다." "이는 꽉 걷어잡는 것이다.", "이는 곁에서 두들겨보는 것이다", "이는 암암리에 때린 것이다", "이는 상대를 더듬어 보는 것이다", "이는 긍정하고 허락한 것이다", "이는 향상(向上)과 향하(向下)다."[9], "이는 전제(全提)와 반제(半提)다."[10], "이는 손님과 주인이다."[11], "이는 사구(死句)와 활구(活句)다."[12], "이는 상량(商量)과 평전(平展)이다."[13]라고 말하기도 한다. 또는 "이는 최초와 최후다."[14], "이는 장봉(藏鋒)과 투관(透關)이다."[15], "이는 살인도(殺人刀)와 활인검(活人劍)이다."[16]라고 말하기도 한다.

그런가 하면 심한 사람들은 경교(經敎)에서 억지로 끌어다 "이것은 색(色)에 나아가 마음을 밝히고 사물에 의탁하여 이치를 나타낸 것이다. 또 이것은 말을 하여 말 없음[無言]을 나타내고, 말 없음으로 말 있음[有言]을 나타냈다. 이것의 눈은 동남쪽을 관찰하지만 뜻은 서북쪽에 있다. 이는 위음왕불(威音王佛) 저편 공겁(空劫) 이전으로서 티끌만큼 차이도 없이 완전히 자기에게로 돌아간 것이다."라고들 한다. 이와 같은 이단(異端)의 잘못된 말들은 일일이 다 말할 수도 없다. 알음알이에 한번 빠졌다 하면 모두가 의미 있는 말[有義語]에 떨어진다는 사실을 알지 못했다고 하겠다.

가령 불조의 도가 결과적으로 '의미 있는 말'에 불과하다면 어떻게 생사망정(生死妄情)의 뿌리를 끊을 수 있겠는가? 이것은 이른바 반딧불을 모아 수미산을 태우고 조개껍질로 바닷물을 헤아리는 것이라 하겠다.

어떤 이가 이렇게 물었다.

"선가의 '의미 없는 말'을 나는 압니다. 불조께서 문자를 세우지 않고 교 밖에 따로 전한 가르침에 어찌 '의미 있는 말'이 있겠습니까. 다만 그때그때 기연에 감응하여 중생을 제접할 뿐입니다. 그리하여 때에 따라 높이 휘두르고 크게 문지르기도 하면서 서로 문답한 것이 굉장히 많으므로 그에 따르는 말씀이 그야말로 티끌처럼 많아진 것입니다. 그러나 그것이 결코 잘못에 떨어지지 않고 모두가 제일의제(第一義諦)로 귀결됩니다. 그렇기 때문에 입을 열어 말을 해도 그 의미가 혀 위에 있지 않습니다. 그러니 어찌 향상(向上)이니 향하(向下)니 복잡하게 말할 수 있겠습니까? '의미 없는 말'이라고 하는 것이 바로 이 점을 지적한 것이 아닐는지요?"

그것에 대하여 나는 이렇게 대답했다.

"당신의 말이 50보 100보를 비웃는 것과 무엇이 다르겠습니까? 그대가 향상과 향하의 구절에 떨어지지 않았다고 하나 그대가 말한 제일의제가 '의미 있는 말'이 아니고 무엇입니까?"

어떤 사람이 말하였다.

"'달라붙은 것을 풀어주고 결박을 제거하며, 못을 뽑고 문설주를 뽑아 버리는 것이다'라고 들었지만 결국은 언어와 문자를 의지해서 한 것이라 생각합니다. 가령 불조의 말이나 언어에 그 의미가 없다면 어떻게 이런 말들이 나왔겠습니까?"

나는 대답했다.

"그대의 말은 진실에 약간은 가깝다고 하겠습니다. 그대는 이 의

심을 가슴속 깊이 오래도록 간직하십시오. 그러면 저절로 의미 없는 말에서 깨닫게 될 것입니다. 만약 그렇지 않다면 쓸데없는 희론만 더할 뿐 도와는 아무런 상관도 없게 됩니다.

사람에겐 누구나 마음이 있으며 마음에는 감응하는 작용이 있습니다. 선(禪)이란 마음이며 기(機)란 마음이 감응하는 대상입니다. 부처님께서 영취산에서 꽃을 들어 여러 대중에게 보여주시고 소림사에서 혜가스님이 달마스님께 팔뚝을 잘라 바친 이후, 역대의 조사들께서 이 마음만을 오로지 전하여 그 메아리가 천고에 울렸습니다. 선이다 기다 하는 것들은 어느 한때고 천지만상과 서로 주고받지 않은 적이 없었습니다. 그렇다고 이런 말들이 억지로 끼워 맞춰서 그리 된 것은 결코 아닙니다.

더구나 종문(宗門)이 건립된 이래로 이른바 목상좌(木上座)[17]·금강권(金剛圈)[18]·암호자(暗號子)[19]·파사분(破沙盆)[20]·청주삼(青州杉)[21]·낭생고(娘生袴)[22]·삼각려(三脚驢)[23]·별비사(鼈鼻蛇)[24]·무미반(無米飯)[25]·불습갱(不濕羹)[26]과 5군신(五君臣)[27]·4빈주(四賓主)[28]·3현9대(三玄九帶)[29]·10지중관(十智重關)[30]·방하착(放下著)[31]·시십마(是什麼)[32]·막관타(莫管他)[33] 등에 이르기까지 4방8면에서 우레가 진동하듯 호호탕탕하게 전후로 나타나 서로 응하였으니, 일일이 그것을 다 기록할 수도 없을 정도입니다. 빠르기는 나는 화살촉을 물어뜯는 것보다 신속하고, 예리함으로 말하자면 취모검(吹毛劍)도 무디며, 독하기로는 먹자마자 죽는 짐주(鴆酒)[34]도 견줄 수 없습니다.

그 훌륭한 맛은 고깃국과도 비교할 수가 없고, 화려한 비단 위에 꽃을 수놓은 격이며, 최고로 맛난 음료인 우유와도 같습니다. 근엄한 모습으로 대중 앞에 임하고 큰 평상에 높이 걸터앉아 그 풍모는 귀신을 동하게 하고 그 소리는 우주를 울렸습니다. 기침하고, 침 뱉고, 팔을 휘젓고, 노하여 꾸짖고, 희롱하여 웃은 일 등을 가리켜 모두 선기(禪機)라 한 데에는 그럴 만한 까닭이 있습니다.

유가(儒家) 경전에서 '고요히 움직이지 않으나 감응하여 만물에 통한다'[35]고 한 말은 불가의 선기와 비슷한 듯도 합니다. 여기서 '움직이지 않는다'는 것은 중지시킬 그 무엇이 있어서 움직이지 않게 한 것이 아닙니다. 자체가 본래 밝고 고요한 태허공(太虛空) 같은 것으로서 이는 천리(天理)이기 때문에 움직일 수 없는 것입니다. 그리고 '감응하여 만사에 통한다'는 것은 한 털끝만큼이라도 의식적으로 바라서 그렇게 되는 것이 아닙니다. 감응하여 마음에 통할 때, 마치 큰 종을 두들기면 빈 골짜기에 소리가 울리듯이 인위적인 작위도 조작도 없으니, 이치가 본래 그런 것입니다. 이는 맑은 거울에 온갖 물체가 비치고, 밝은 구슬에 5색이 나타나는 것과 같습니다.

선(禪)은 이러한 거울이나 구슬이며, 기(機)는 비춤이거나 나타남입니다. 온갖 물체의 곱고 추함과 5색의 옅고 진함이 너무도 분명하여 자신을 감추지 못한다고는 하나 거울과 구슬이 무엇을 인위적으로 비추려 하였겠습니까? 행한 것이 있다면 지극히 청정하고 지극히 맑은 그 자체의 효과일 뿐입니다. 여기에 계합하는 것을 선기(禪機)라 합니다. 그렇지 않은 것은 내 아는 바가 아닙니다."

어떤 이가 물었다.

"들은 바에 의하면 모든 사람에게는 마음이 있다고 하였습니다. 그렇다면 유정계(有情界) 안에는 예로부터 지금까지 삶을 풍요롭게 해주는 산업(産業)과 세상을 다스리는 말이 모래알처럼 많습니다. 그 원인은 마음 때문이지 선기라는 말은 들어보질 못했습니다. 그런데 유독 소림 문하에서 참구하는 것을 업으로 하는 이들만이 자기 멋대로 명칭을 붙이는 것은 무엇 때문인가요?"

나는 대답해 말했다.

"마음에는 진(眞)과 망(妄) 두 종류가 있습니다. 진심(眞心)이란 영지(靈知)의 본체로서 오묘하게 깨닫지 않고서는 추측이 불가능합니다. 망심(妄心)이란 알음알이 허깨비의 작용으로서 외물(外物)을 좇는 자는 이 망심대로 움직입니다. 이때 어리석은 사람들은 그것을 모두 마음이라고 부르지만 진심과 망심이 하늘과 땅 차이인 줄은 모릅니다. 우리의 생활을 풍요롭게 해주는 산업은 망심이지 진심이 아닙니다. 진심은 부처님과 조사만이 정인(正因)을 단련하여 지혜로 사무치고 신령하게 깨달았습니다. 그리하여 당당하게 갖가지 차별세계와 시비 속에서도 오묘하게 부합하고 은밀하게 계합하셨습니다. 수증(修證)을 완전히 초월하여 공훈(功勳)에 구애되지 않으며, 경험적으로 얻은 지식에도 포섭되지 않습니다. 그런데 어떻게 수행의 단계가 있겠습니까? 이른바 '대도(大道)에 통달함이여!

국량을 뛰어넘었나니, 초연한 이를 이름하여 조사라 한다'[36]고 하였습니다. 그러니 어찌 알음알이에 의존하여 속세의 번뇌에 얽매여 있는 자들과 같이 취급할 수 있겠습니까?

　아직 그 진심을 통달하지 못했지만 열심히 수행하는 것도 괜찮기는 합니다. 그러나 가령 사유(思惟)를 조작하여 참선하는 집안에 살면서 허공을 바라보고 짖어대고 흙덩이를 물어뜯는 어리석은 짓을 한다면, 이런 사람은 오히려 속세에 내려가 삶을 윤택하게 하는 산업에 종사하며 돈을 버느니만 못합니다. 그렇게 하면 저 자신에게도 이익이 없을 뿐 아니라 앉아서 법을 비방하는 허물까지 짓게 됩니다. 선기가 과연 사람을 얽어매는 것일까요? 사람이 진심을 잘 선택하지 못하기 때문입니다. 수도하는 사람들은 이 점을 꼭 살펴야 합니다."

주
:

1   양종5파(兩宗五派) : 달마의 선법은 5조 홍인대사에 이르러 남종(南宗)과 북종(北宗)으로 갈라졌고, 남종이 홍성하여 위앙종(潙仰宗)·임제종(臨濟宗)·조동종(曹洞宗)·운문종(雲門宗)·법안종(法眼宗)의 다섯 종파를 형성하였다.

2   어떤 스님이 운문문언(雲門文偃, 864~949) 선사에게 "한 생각도 일으키지 않더라도 허물이 있습니까?" 하고 묻자 운문스님께서 말씀하셨다. "수미산만큼." 『운문광진선사광록(雲門匡眞禪師廣錄)』, T47-547c.

3   설봉의존(雪峰義存) 선사가 암자에 살 때 스님 둘이 찾아왔다. 설봉스님은 그 스님들을 보고 손으로 문을 밀치며 활개를 치듯 달려가 "이 무엇인가?" 하고 물었다. 스님들 역시 "이 무엇입니까?" 하고 되물었다. 그러자 설봉스님은 고개를 숙이고 암자로 돌아갔다. 『종용록(從容錄)』 제50칙, T48-258c.

4   어떤 스님이 건봉(乾峰)스님에게 물었다. "시방에 계신 바가바께 다가가는 한 길 열반문이라 하는데 그 길이 어딘지 모르겠습니다." 건봉스님이 주장자로 한 획을 긋고 "여기다."고 하셨다. 운문스님이 이 이야기를 거론하고는 부채를 세우면서 말씀하셨다. "부채가 팔짝 뛰어 33천으로 올라가 제석의 콧구멍을 막아 버리고 동해바다 잉어가 한 방 때리니 대야의 물을 엎은 듯 비가 쏟아지는구나. 알겠느냐?" 『운문광진선사광록(雲門匡眞禪師廣錄)』 권중, T47-555a.

5   어떤 스님이 수산성념(首山省念, 926~993) 선사에게 물었다. "무엇이 부처입니까?" 이에 수산스님께서 대답하셨다. "며느리는 나귀를 타고 시어머니가 끄는구나." 『종용록』 제65칙, T48-267c.

6   용아거둔(龍牙居遁, 835~923) 선사가 취미무학(翠微無學) 선사에게 찾아가 "무엇이 조사의 뜻입니까?" 하고 묻자 "나에게 선판을 가져오라."고 하였다. 용아스님이 선판을 건네자 취미스님은 받자마자 곧바로 때렸

다.『경덕전등록(景德傳燈錄)』권17, T51-337b.
7   동산수초가 운문문언 선사를 찾아가자 운문스님이 물었다. "근래 어디 있다 왔는가?" "사도(査渡)에 있었습니다." 운문이 다시 "여름엔 어디 있었는가?" 하고 묻자 "호남 보자사(報慈寺)에 있었습니다."라고 하였다. 운문이 다시 "거기서 언제 떠났는가?" 하고 묻자 동산스님은 "8월 25일이었습니다."라고 하였다. 이에 운문스님이 말씀하셨다. "세 대를 세게 맞아야겠지만 그대를 용서하리라." 다음날 동산스님이 다시 찾아와 "어제 큰스님께 석대를 세게 맞았는데 허물이 어디에 있습니까?" 하자 운문스님이 말씀하셨다. "이 밥통아, 강서든 호남이든 당장 그렇게 가거라." 동산스님이 이 말에 크게 깨달았다.『무문관』제15칙, T48-294c.
8   취모검(吹毛劍) : 머리카락을 불면 잘릴 만큼 날이 날카로운 명검을 말한다. 마귀의 군대를 일거에 쳐부수는 금강왕보검(金剛王寶劍)과 마찬가지로 일체 번뇌 망상을 물리치는 뛰어난 지혜를 비유할 때 사용하는 말이다.
9   무차별한 평등의 세계 즉 부처님의 경계를 향해 위로 나아가는 것을 향상(向上)이라 하고, 반대로 차별의 세계인 중생계로 향하는 것을 향하(向下)라 한다.
10  이치나 도리를 온전히 드러내는 것을 전제(全提)라 하고, 반쯤만 제기하는 것을 반제(半提)라 한다.
11  스승의 자리에 처하는 것을 주인, 학인의 입장에 서는 것을 손님이라 한다. 또 만법의 본성인 진여에 안주하는 것을 주인, 자심현량의 투영인 객진번뇌에 서는 것을 손님이라 한다.
12  참된 이치를 체득하지 못하고 이론에 침잠한 말을 사구(死句), 이치를 철저히 체득하여 자유자재한 말을 활구(活句)라 한다.
13  번뇌가 점철된 의식으로 이리저리 헤아리고 따지는 것을 상량(商量)이라 하고, 진솔하게 직설적으로 말하는 것을 평전(平展)이라 한다.
14  시원이 되는 가르침을 흔히 최초일구(最初一句)라 하고, 최후의 궁극적 가르침을 말후구(末後句)라 한다.

15 날카로운 지혜를 숨기고 드러내지는 않는 것을 장봉, 언구와 사량으로 어찌 해볼 도리가 없는 선사들의 질문을 타파하는 것을 투관이라 한다.

16 눈앞에 전개되고 있는 산하대지와 일체 심식작용이 집착으로 점철된 허망한 객진번뇌에 불과함을 지적해 어느 것 하나 수긍의 여지없이 모조리 부정하고 잘라 버리는 것을 살인도, 아집과 법집의 습기를 제거한 학인에게 눈앞에 전개되고 있는 산하대지와 일체 심식작용이 진여법성의 투영임을 밝혀 자유롭게 사고하고 행동하도록 살길을 열어주는 것을 활인검이라 한다.

17 목상좌(木上座) : 운거도응(雲居道膺) 선사의 법을 이은 항주불일(杭州佛日) 화상이 협산스님을 찾아뵈었을 때의 일화이다. 협산스님이 "아사리는 어떤 사람과 동행했는가?"하고 묻자 불일화상이 "나무 상좌와 동행했습니다(木上座)."라고 하였다. 협산스님이 "그 사람은 왜 만나러오지 않았지?"하고 묻자 "화상이라야 그를 볼 수 있습니다."라고 대답하였다.『경덕전등록』권20, T51-361c.

18 금강권(金剛圈) : 선사들의 말씀은 견고한 금강으로 만든 감옥처럼 제아무리 궁리해도 빠져나갈 방법이 없음을 비유한 말이다.

19 암호자(暗號子) : 언구 밖에 뜻이 있는 선사들의 말씀은 암호와 같고 비밀스런 명령과 같음을 비유한 말이다.

20 파사분(破沙盆) : 응암담화(應庵曇華, 1103~1163) 선사가 하루는 밀암함걸(密庵咸傑, 1118~1186) 선사에게 "무엇이 바른 법안인가?"하고 묻자 곧바로 "깨진 사기그릇이지요(破沙盆)."라고 답했다. 이에 응암스님이 고개를 끄덕였다.

21 청주삼(靑州杉) : 어떤 스님이 조주종심(趙州從諗) 선사에게 "만법이 모두 하나로 돌아가는데 하나는 어디로 돌아갑니까?"하고 묻자 조주스님이 "내가 청주에서 베옷을 한 벌 지었는데 무게가 일곱 근이었다."라고 대답하였다.

22 낭생고(娘生袴) : 양생고(孃生袴)라고도 한다. 낭생 혹은 양생은 모태에서 태어난 그대로를 말한다. 운거산(雲居山) 아래 한 도자(道者)가 암자

를 짓고 살았다. 운거도응 선사가 하루는 시자를 시켜 바지 한 벌을 가져다 그에게 주도록 하였다. 그러자 도자가 "저는 어머니에게서 태어날 때부터 입고 있는 바지가 있습니다."라고 하였다. 『오등회원(五燈會元)』 권13, X80-266b.

23  삼각려(三脚驢) : 다리가 셋인 나귀라는 말이다. 황룡혜남(黃龍慧南, 1002~1069) 선사는 입실하는 학인들에게 늘 태어난 인연을 묻고, 내 손은 왜 부처님 손과 같은가, 내 다리는 왜 나귀 다리와 같은가? 하는 질문으로 던졌다. 이를 황룡삼관(黃龍三關)이라 한다. 이 가운데 "내 다리는 왜 나귀 다리와 같은가?"라는 말씀에 대해 무문혜개(無門慧開) 스님이 다음과 같은 송을 지었다. "내 다리는 왜 나귀 다리와 같은가, 걸음을 떼기도 전에 고향땅을 밟았네. 이것에 내맡겨 온 세상을 마음대로 거닐다가, 거꾸로 처박히는 양기(楊岐)여, 다리가 셋뿐이로구나(我脚何似驢脚 未擧步時踏著 一任四海橫行 倒跨楊岐三脚)." 『무문관』, T48-299b.

24  별비사(鼈鼻蛇) : 코가 자라처럼 생긴 맹독을 가진 뱀. 몸과 목숨을 잃게 할 만큼 신랄한 수단으로 학인을 지도하는 선사를 비유하는 말이다. 설봉(雪峰)스님이 대중에게 설법하면서 "남산에 코가 자라처럼 생긴 독사가 한 마리 있으니 너희들은 조심하라."고 하였다. 그러자 장경혜릉(長慶慧稜) 스님이 "오늘 이 승당 안에서도 거의가 몸과 목숨을 잃었습니다." 라고 대답하였다. 『경덕전등록』 권18, T51-347b.

25  무미반(無米飯) : 어떤 스님이 호국수징(護國守澄) 선사에게 "무엇이 본래 저를 낳아준 부모입니까?" 하고 묻자 호국스님이 말씀하셨다. "머리가 하얗지 않은 분이지." 그 스님이 "모르겠습니다. 어떻게 받들어 모셔야 합니까?"라고 하자 스님께서 말씀하셨다. "쌀이 없는 밥으로 온 정성을 다하고, 방 앞에서는 부모님께 문안을 드리지 말라(慇懃無米飯 堂前不問親)." 『굉지선사광록(宏智禪師廣錄)』, T48-6b.

26  불습갱(不濕羹) : 고봉원묘(高峰原妙) 선사의 대중 법문에 나오는 구절이다. "자기가 안신입명할 곳을 보았으면 그 속에서 주장자를 꺾어 버리고 바랑을 높이 걸어두어도 무방하다. 그렇게 서까래 세 개 아래에서 7

척 홀홀단신으로 쌀이 없는 밥을 씹고 국물 없는 국을 마시며 다리 뻗고 잠을 자면서 편안하게 세월을 보내라(既見自己安身立命處 不妨向遮裏 拗折拄杖 高挂鉢囊 三條椽下 七尺單前 咬無米飯 飲不濕羹 伸脚打眠 逍遙度日)."
『고봉원묘선사어록(高峰原妙禪師語錄)』, X70-678b.

27  5군신(五君臣) : 동산양개(洞山良价) 선사의 제자인 조산본적(曹山本寂) 선사가 제창한 교설이다. 불교사상의 요체를 군(君)·신(臣)·신향군(臣向君)·군시신(君視臣)·군신도합(君臣道合)의 다섯 단계로 나누어 설명하였다.

28  4빈주(四賓主) : 임제의현(臨濟義玄)이 선사와 학인이 만났을 때의 양태를 네 가지로 나눈 것이다. 객간주(客看主)는 선사가 평범하고 학인이 준수한 경우, 주간객(主看客)은 선사가 준수하고 학인이 평범한 경우, 주간주(主看主)는 선사와 학인이 둘 다 준수한 경우, 객간객(客看客)은 선사와 학인 둘 다 평범한 경우이다. 또 이를 주중빈(主中賓)·빈중주(賓中主)·주중주(主中主)·빈중빈(賓中賓)으로 분류하기도 한다.

29  3현9대(三玄九帶) : 3현은 임제의현 선사가 수행자를 지도하는 방법으로 설한 교설이다. 그 세 가지란 체중현(體中玄)·구중현(句中玄)·현중현(玄中玄)이며, 현(玄)은 심원한 불교의 이법을 뜻한다. 9대는 임제종 부산법원(浮山法遠) 선사가 선의 교의를 불정법안장대(佛正法眼藏帶)·불법장대(佛法藏帶)·이관대(理貫帶)·사관대(事貫帶)·이사종횡대(理事縱橫帶)·굴곡수대(屈曲垂帶)·묘협겸대(妙叶兼帶)·금침상쇄대(金鍼雙鎖帶)·평회상실대(平懷常實帶)의 아홉 항목으로 정리한 것이다.

30  10지중관(十智重關) : 무엇을 말하는지 명확치 않다. 분양선소(汾陽善昭) 선사가 제창한 10지동진(十智同眞)이라는 교설이 있는데 이를 '삼엄한 관문[重關]'이라 표현한 것이 아닌가 추측된다. 10지동진은 동일질(同一質)·동대사(同大事)·총동참(總同參)·동진지(同眞志)·동편보(同徧普)·동구족(同具足)·동득실(同得失)·동생살(同生殺)·동음후(同音吼)·동득입(同得入)이다.

31  방하착(放下著) : 엄양존자(嚴陽尊者)가 처음 조주종심 선사를 참례했

을 때 "한 물건도 가지고 오지 않았을 때에 어떠합니까?" 하니, 조주가 "내려 놓아라(放下着)."고 하였다. 엄양이 "한 물건도 가져오지 않았는데 무엇을 내려놓습니까?"라고 하자 조주스님께서 "내려놓지 않겠다면 짊어지고 가라."고 하였다. 『선종송고연주통집(禪宗頌古聯珠通集)』 권22, X65-610c.

32 시십마(是什麼) : 설봉의존(雪峰義存) 선사가 암자에 살 때 스님 둘이 찾아오자 설봉스님이 그 스님들을 보고 손으로 문을 밀치며 활개를 치듯 달려가 "이 무엇인가(是什麼)." 하고 물었다. 스님들 역시 "이 무엇입니까?" 하고 되묻자 설봉스님은 고개를 숙이고 암자로 돌아갔다. 『종용록(從容錄)』 제50칙, T48-258c.

33 진주(鎭州) 보수사(寶壽寺) 소(沼) 화상에게 어떤 스님이 "온갖 경계가 침범해 들어올 때는 어떻습니까?" 하고 묻자 보수스님이 "상관하지 말라(莫管他)."고 대답하셨다. 그 스님이 절을 하자 보수스님께서 말씀하셨다. "움직이지 마라. 움직이면 네 허리를 꺾어 버리리라." 『경덕전등록』 권12, T51-294c.

34 짐주(鴆酒) : 짐새의 깃에 있는 맹독인 짐독(鴆毒)을 섞은 술.

35 원문은 "寂然不動 感而遂通."이다. 『주역(周易)』 「계사전(繫辭傳)」 제10장에서 인용하였다.

36 원문은 "達大道兮 出度 超然 名之曰祖."이다. 『소실육문(小室六門)』, T48-370c 게송에서 "대도에 통달함이여! 국량을 넘어섰고, 부처님 마음을 통달함이여! 법도를 벗어났구나. 성인이나 범부와 함께 걷지 않나니 초연한 이를 이름하여 조사라 한다(達大道兮過量 通佛心兮出度 不與凡聖同躅 超然名之曰祖)."라 한 것에서 요약 발췌한 것이다.

## 05

## 평상심이 도라고 하는 말뜻은 무엇인가?

●

　조주(趙州, 778~897)[1]스님이 남전(南泉, 748~834)[2]스님에게 "어떤 것이 도입니까?" 하고 묻자 남전스님이 "평상심(平常心)이 도다"라고 대답했다.[3] 그리하여 이 대화의 내용이 총림에 널리 퍼졌다. 그런데 오늘날까지 이 말 때문에 알음알이에 빠지지 않은 자가 드물다. 모두들 말하기를 "옷 입고 밥 먹는 동정어묵(動靜語默)이 한결같이 본래의 참모습이다. 이 본래의 참모습을 떠난 밖에서 사량분별로 헤아리면 벌써 평상(平常)이 아니다."라고 말들 한다. 옛 사람이 "평상심이 도다"라고 말하며 두 손으로 분부할 때는 일체가 평상한 것을 귀하게 여겼을 뿐이었다. 불법과 세간법은 모두 그 자체에는 상처가 없는 것이니, 긁어 부스럼을 내서는 안 된다. 그런데도 장졸수재(張拙秀才)가 "세상의 인연을 그대로 좇아서 걸림이 없으니 열반과 생사가 모두 헛꽃이다."[4]라고 한 말을 인용하여 이것이 평상심이라고도 한다. 혹은 방거사(龐居士)[5]가 "매일 일어나는 일이 별다를 것이 없나니, 오직 저 스스로 우연히 함께할 뿐입니다."[6]라고 한 것을 평상심이라고도 하고, 3조(三祖)가 "지극한 도는 어려움이 없다. 오직 간택하는 것을 꺼려할 뿐이다."[7]라고 한 말들을 인용하여 그것이 평상심이라고 한다. 또한 마조스님이 "색(色)을 보는 것이 곧 마음을 보는 것이니, 색이 없으면 마음도 나타나지 않는다."[8]고 한 것을 평상심이라고도 하고, 고덕스님들이 "푸른 대나무는 진여(眞如)이고, 누런 국화는 반야(般若)다."[9]고 한 것을 평상심이라고도 한다. 이와 같이 고인들이 하신 말씀이 일상생활에 본래 갖추어져 있고 견문각지(見聞覺知)[10]를 떠나지 않은 내용이기만 하면 모두 평상심에 갖다 댄다.

  그러나 이것은 모두 알음알이로 인식하는 오류에서 벗어나지 못한 것이다. 남전스님은 여기에 머무르지 않았으며, 위로부터 고인들도 이 속에서 머뭇거린 것이 아니었다. 조주스님이 묻지 않고 남전스님이 채 대답하기 전에 직접 알아차려야 한다. 그렇지 않고 한 생각이라도 내어 어묵동정(語黙動靜)을 따라 알음알이를 일으키려고 머뭇거린다면 결코 평상심이 아니다. 그렇다고 옛 사람들이 중생을 교화하려고 방편으로 한 말들을 끌어다가 평상심의 증거로 삼는다면 더더욱 절벽이 만 리나 될 것이다. 어떤 사람은 또 "바로 지금 사물을 마주하고 경계를 만나도 한 생각도 일어나지 않으면 이것이 평상심이다."라고 하며, 혹은 "생각을 내어 알음알이를 움직여도 모양에 얽매이지 않으면 이것이 바로 평상심이다."라고 하며, 혹은 "유와 무의 간격 없이 보고 들음이 혼융하면 이것이 평상심이다."라고 하며, 혹은 "추우면 옷 입고 더우면 부채질하는 것이 평상심이다."라고도 한다.

또 어떤 사람은 "번거롭게 큰 작용을 일으키는 것이 그대로 완전한 본체로서 진실하며, 미세한 말과 거친 말이 모두 제일의(第一義)이니 이것이 평상심이다."라고도 한다. 혹은 "옛 사람은 통렬하게 몽둥이질 하고,[11] 목이 터져라 할을 하고,[12] 공을 굴리기도 하고,[13] 나무집게를 들이대기도 하는[14] 등 그 기(機)가 정체됨이 없고 그 말씀이 일상의 감정을 벗어났었으니 이것이 평상심이다."라고 한다. 그 밖에도 갖가지 작위(作爲)와 갖가지 사상과 갖가지 자잘한 일들도 평상심과 흡사하다고 하지만, 이는 자기의 귀를 막고 방울을 훔치려는 것과 다름이 없어 스스로 속임수만 더할 뿐이다. 아무리 현묘한 성인의 말씀이라 해도, 또 오묘한 이치의 참된 말씀이라 해도 모두 평상심과는 상응하지 못한다. 그런데 더구나 미혹된 탐착과 망상, 전도된 알음알이로 조금이라도 평상심에 계합할 수 있겠는가?

평상심은 알음알이에 속하지 않고, 이해해서 되는 것도 아니며, 또한 지해영략(知解領略)에도 속하지 않는다는 것을 우리는 명심해야 한다. 지해에 걸려서야 어떻게 평상의 이치가 있을 수 있겠는가?

옛날 설산에서 부처님께서 밝은 별을 보았던 것도 이 평상심을 깨달은 것이며, 가섭존자가 파안미소하고,[15] 2조(二祖)가 세 번 절하며 예를 올렸던 것[16]도 모두 이 평상심을 깨달은 것이다. 태원(太原, ?~1370)스님이 호각소리를 듣고,[17] 영운(靈雲)스님이 복사꽃을 보았던[18] 일기일경(一機一境)의 계합과 증오도 모두 이 평상심에 계합하지 않은 것이 없다. 오늘 당장 이 평상심과 조금도 간격이 없기를 바란다면, 직접 저 불조께서 홀연히 한 번 돌이켰던 것과 같이해야 하리라. 그렇게 한다면 손가는 대로 집어 들어도 평상심과 상응하지 못하는 일이 조금도 없으리라. 석가모니 부처님께서 미간에서 광명을 놓아 1만8천국토를 비추고, 삼천대천세계를 두루 덮는 광장설상(廣長舌相)[19]을 드러냈던 것과 더불어 겨자(芥子)에 수미산을 받아들이고, 털끝에서 보왕의 나라를 건립하며, 심지어는 불무더기에 몸을 눕히고, 도산(刀山)지옥을 활보한 것까지도 모두 한결같이 평상심과 상응하지 않은 것이 없다.

 미혹된 사람은 이를 알지 못해 스스로 평등과 차별을 보지만 그 평등과 차별 가운데서도 이 평상심으로부터 드러나지 않은 것은 있을 수 없다. 가없는 중생들이 끝없는 괴로움 속에서 자꾸 미혹되고 여러 가지에 구애되며, 무수한 세월을 지나면서도 그 괴로움을 떨쳐 버리지 못하지만 역시 이것도 평상심에서 비롯되지 않은 것은 털끝만큼도 없음을 알 수 있다. 다만 스스로 미혹되어 이를 깨닫지 못할 뿐이다.

남전스님은 "도는 아는 것에도 속하지 않고, 모르는 것에도 속하지 않는다. 안다면 허망한 깨달음이며, 모른다면 무기(無記)다."[20]라고 하였다. 세상 사람들은 이 잔소리를 온갖 힘을 다해 붙잡고 있어야 한다고 한다. 그러나 여기에 허물이 많다는 것은 알지 못한다. 영가스님이 "배움을 끊고 인위적인 조작을 끊은 한가한 도인은 망상을 없애려 하지도 않고 진리를 구하려 하지도 않는다."[21]라고 한 것이 평상심과 조금은 비슷하다고 할 수 있겠다. 그러나 누가 배움을 끊었으며, 누가 인위적인 조작을 끊었겠는가? 여기에 대해서는 아무도 대답할 수가 없다.

멀리서 온 길손이 문 앞을 지나다가 나의 몸뚱이를 가리키며 4법계(四法界)에 대해 물었다.

"이 몸은 4법계에서 어느 법계에 해당합니까?"

나는 그에게 조용히 대답하였다.

"4종법계(四種法界)[22]는 한 마음의 체(體)와 용(用)을 나타냈을 뿐입니다. 소승은 경교(經敎)를 잘 모르니 제 나름대로 설명해 보겠습니다. 이 손의 주장자를 비유로 들어 말해보겠습니다. 겉모양을 보고 주장자라고 하는 것이 사법계(事法界)이며, 모양을 떠나서 성품뿐이면 주장자라고 부를 수가 없으니 이것은 이법계(理法界)이며, 성품과 모양이 둘이 아니므로 주장자라 부르더라도 주장자가 아니며 주장자가 아닌 상태에서 그대로 주장자라 불러도 무방하니 이를 이사무애법계(理事無碍法界)라 합니다. 끝으로 한 주장자가 일체

법에 들어가 법에 따라 명칭을 붙이지만 끝내 일정한 본체가 없고, 일체법이 나의 주장자로 들어와 똑같이 주장자라고 부르지만 또한 일정한 본체가 없는 것을 사사무애법계(事事無碍法界)라 합니다. 이것은 마치 제망주(帝網珠)[23]와 같습니다. 나의 한 구슬이 일체의 구슬에 투영되어서 들어간다지만 그 본체는 일찍이 분리되지 않았으며, 일체의 구슬이 나의 한 구슬에 비쳐 들어와도 그 본체는 일찍이 합치지 않았습니다. 서로 들어가고 서로 포섭하여 이지러짐이 없고, 서로 부정하고 서로 융합하면서 간격이 없습니다.

이것은 영가스님께서 '모든 부처님의 법신이 나의 본성에 들어오니 나의 본성이 다시 여래와 함께 합한다. 달 하나가 모든 강물에 두루 나타나니, 물속의 모든 달이 달 하나에 포섭된다'[24]고 하신 것과 같습니다.

법계의 명칭을 드넓게 말하면 만 가지로 다르나 대략 말해 보면 넷이라 할 수 있는데, 그 실제는 넷도 아닙니다. 확연하게 자기의 마음을 깨달은 사람만이 그 경지가 법계의 모양과 원융하여 하나를 고집하지 않고 일체를 말하며, 일체를 떠나지 않고 하나를 지킵니다. 이것은 이치가 자연히 그렇게 되는 것이지 신통 때문에 그렇게 되는 것은 아닙니다.

슬프다, 어리석은 사람들이여! 허망하게 색신(色身)을 고집하여 나[我]라 하고 갖가지 탐욕을 일으켜 사(事)에 장애되고 3계(三界)에 결박되니 해탈할 기약이 없습니다. 성문들은 색(色)에 '나'가 없다는 것을 관하기는 했지만 다만 공(空) 그 자체에 막혀 세간을 멀리 떠나 홀로 해탈을 구하느라고 이(理)에 장애되어 부처님의 꾸중을 받았습니다. 그런가 하면 보살승들은 색이 곧 공이고 공이 곧 색임을 분명히 깨달아 색과 공이 둘이 아닌 중도에 안주하여 이와 사를 서로 머금고 홀로 해탈하여 걸림이 없기는 했지만, 그래도 견해의 집착이 존재하여 오히려 법진(法塵)에 막혀 있습니다. 유독 여래의 사사무애(事事無碍) 경계만은 거울로 거울을 비추듯, 허공으로 허공을 합치듯 합니다.

훌륭한 마니구슬이 모든 색을 갖추어 빨아들이면 한꺼번에 빨아들이고 나타나면 일제히 나타나는 것과도 같아 인위 조작을 용납하지 않습니다. 그러니 어찌 인위적으로 배치할 수 있겠습니까? 이것을 두고 공용(功用)이 없는 법문이라고 합니다. 만 가지나 되는 법계의 모습을 총괄하여 넷으로 귀결하고 넷을 회합하여 하나로 귀결시키는데, 공용이 없는 가운데서는 그 하나마저도 남겨둘 수 없습니다. 나의 몸이 4법계에 있어서 이치가 이와 같습니다. 빼어난 상근기는 기미에 앞서 알아차리지만 중하의 부류들은 부질없이 수고하며 오랫동안 생각할 것입니다."

이 말을 듣고 객승은 "아, 그렇군요." 하고 물러났다.

주
:

1 조주(趙州) : 당대(唐代) 스님으로 조주는 주석 지명이며 법명은 종심(從諗)이다. 속성은 학(郝) 씨이고, 산동성 조주(曹州) 출신이다. 어린 시절 출가하여 남전보원(南泉普願)에게 참학하고 개오하고는 제방을 편력하다가 나이 80이 되어서야 조주성(趙州城) 동쪽 관음원(觀音院)에 주석하며 40년 동안 고담착실(枯淡着實)한 선풍을 드날렸다. 시호는 진제대사(眞際大師)이다.

2 남전(南泉) : 당대 스님으로 남전은 주석 산명이며 법명은 보원(普願)이다. 속성은 왕(王) 씨이고, 신정(新鄭) 출신이다. 법상(法相)과 3론(三論)을 수학하다가 현기(玄機)는 경론(經論)에 있지 않음을 깨닫고 마조도일(馬祖道一)에게 참학하여 그의 법을 이었다. 정원(貞元) 11년(795) 지양(池陽) 남전산(南泉山)에 선원을 열고는 사립을 쓰고 소를 치며 산에 올라가 나무를 하고 밭을 일구면서 선풍을 펼쳤다. 스스로 왕노사(王老師)라고 칭하면서 30년간 한번도 하산하지 않았다. 지양의 태수 육긍대부(陸亘大夫)가 참방하였고, 조주종심(趙州從諗)·장사경잠(長沙景岑)·자호이종(子湖利蹤) 등 빼어난 선지식을 배출하였다.

3 남전과 조주의 문답은『경덕전등록』권10, T51-276c 등에 수록되어 있다.

4 원문은 "隨順世緣無罣礙 涅槃生死等空花."이다. 장졸(張拙)이 선월대사(禪月大師)의 추천으로 석상(石霜)스님을 참례하자 석상스님이 물었다. "수재께선 성이 뭡니까?" "성은 장(張)이고 이름은 졸(拙)입니다." 석상스님이 "빼어난 솜씨를 찾는다 해도 오히려 얻을 수 없는데 졸렬함은 어디서 왔습니까?" 하자 장졸이 문득 깨달은 바가 있었다. 이때 장졸이 석상스님에게 지어올린 게송에 나오는 구절이다.『오등회원(五燈會元)』권6, X80-127c.

5 방거사(龐居士) : 성은 방(龐) 씨이고 이름은 온(蘊)이며, 자는 도현(道玄)

이다. 형주(衡州) 형양현(衡陽縣) 사람이다. 석두(石頭)스님 문하에서 선지(禪旨)를 짐작하고 뒤에 마조에게 찾아가 "온갖 법과 짝하지 않는 자는 어떤 사람입니까?" 하고 묻자 마조가 "그대가 서강의 물을 한 입에 마셔버린 뒤에 일러 주겠다."고 하였다. 거사가 이 말에 의심을 품고 2년 동안 정진하다 깨달았다. 거사임에도 불구하고 단하선사와 막연한 벗으로 지냈으며, 마조 문하의 존숙들도 그의 기량을 깊이 존중하였다고 한다.

6 원문은 "日用事無別 惟吾自偶諧."이다. 석두스님이 "그대가 이 노승을 본 뒤로 매일 무슨 일을 하는가?" 하고 묻자 방거사가 "매일하는 일을 물으신다면 입을 뗄 곳이 없습니다." 하고는 게송 하나를 지어 올렸다. 그 게송의 첫 구절이다. 『경덕전등록』 권8, T51-263b.

7 원문은 "至道無難 唯嫌揀擇."이다. 3조 승찬(僧璨) 대사의 『신심명(信心銘)』 첫 구절이다.

8 원문은 "見色便見心 無色心不現."이다.

9 원문은 "翠竹眞如 黃花般若."이다. 이는 "푸르고 푸른 비취빛 대나무가 모두 진여이고, 울창하게 피어 있는 노란 꽃이 반야 아님이 없다(靑靑翠竹盡是眞如 鬱鬱黃花無非般若)."라는 구절을 요약한 말이다. 『조정사원(祖庭事苑)』 권5, X64-387b에 따르면 도생(道生) 법사께서 하신 말씀이다.

10 견문각지(見聞覺知) : 눈으로 빛깔을 보고, 귀로 소리를 듣는 등 지각하고 인식하는 작용 일체를 일컫는 말이다.

11 덕산선감(德山宣鑑, 782~865) 선사는 학인을 지도할 때 자주 몽둥이로 때리곤 하였다. 그 험준한 가풍을 고래로 덕산방(德山棒)이라 한다. 『벽암록』 권1, T48-143b.

12 임제의현(臨濟義玄, ?~867) 선사는 학인이 문에 들어오면 곧바로 고함을 지르곤 하였다.

13 설봉의존(雪峰義存, 821~908) 선사는 학인이 찾아오는 것을 보면 나무 공을 굴려 그들의 기량을 시험하였다. 『벽암록』 권5, T48-181.

14 오대산(五臺山) 비마암(祕魔巖) 화상은 스님들이 찾아와 절을 하면 나무

집게로 목덜미를 꽉 집고 "어떤 귀신이 너더러 출가하라 하고, 어떤 귀신이 너더러 행각하라더냐. 말해도 집혀 죽고, 말하지 못해도 집혀 죽으리라. 빨리 말하라."고 하였다. 『경덕전등록』 권10, T51-280a.

15  세존께서 영산회상에서 꽃을 들어 대중에게 보이셨을 때 대중이 모두 침묵하였는데 오직 가섭존자만이 얼굴 가득 미소 지었다. 그러자 세존께서 "나의 정법안장열반묘심(正法眼藏涅槃妙心)과 실상무상미묘법문(實相無相微妙法門)과 불립문자교외별전(不立文字敎外別傳)을 마하가섭에게 부촉한다."고 말씀하셨다. 『무문관(無門關)』 「세존염화(世尊拈花)」, T48-293c.

16  달마대사가 서축으로 돌아가려고 마음먹고는 문인들에게 각기 깨달은 바를 말하게 하였다. 이에 문인 도부(道副), 비구니 총지(總持), 도육(道育) 등이 차례를 깨달은 바를 술회하였다. 이에 달마대사께서 각기 "나의 피부, 살, 뼈를 얻었다."고 인정해 주었다. 마지막으로 혜가(慧可) 차례가 되자 그는 예배한 다음 자기 자리로 돌아가 가만히 서 있을 뿐이었다. 이에 달마대사께서 "너는 나의 골수를 얻었다." 하고는 법을 부촉하고 가사를 전하였다. 『경덕전등록』 권3, T51-219c.

17  태원부(太原孚) 스님이 『열반경(涅槃經)』을 강의하는데 그 강석에 앉아 있던 협산선회(夾山善會) 선사가 실소를 금치 못했다. 이에 부상좌가 허물을 지적해 달라 청하자 협산스님이 "스님은 법신의 주변사만 알뿐, 법신의 본분사는 알지 못한다."고 하였다. 이에 태원스님은 협산스님의 지침에 따라 강의했던 내용을 모두 잊고, 오로지 마음을 한곳에 모아 고요히 앉아 있다가 새벽을 알리는 호각소리를 듣고 활연히 깨달았다. 『벽암록』 권10, T48-222b.

18  영운지근(靈雲志勤) 선사는 복주대안(福州大安)·설봉의존(雪峰義存)·현사사비(玄沙師備)·위산영우(潙山靈祐) 등을 두루 참례하고도 깨닫지 못하다가 어느 날 위산(潙山)에서 복숭아꽃 피는 것을 보고 크게 깨달았다. 『경덕전등록』 권11, T51-285a.

19  광장설상(廣長舌相) : 32상(三十二相)의 하나. 넓고 길고 얇고 보드라운

부처님의 혀 모양. 이는 그 말씀이 허망하지 않음을 상징하는 상(相)이다.

20  원문은 "道不屬知不知 知是妄覺 不知是無記."이다. "헤아리지 않을 때 그것이 도라는 것을 어떻게 알 수 있습니까?"라는 조주스님의 질문에 대한 답변이다.『경덕전등록』권10, T51-276c.

21  원문은 "絕學無爲閒道人 不除妄想不求眞."이다. 영가대사『증도가(證道歌)』첫 구절이다.

22  4종법계(四種法界) : 4법계(四法界)라고도 한다. 화엄종 교의(敎義)로서 전 우주를 네 방면으로 관찰한 것이다. 첫째 사법계(事法界)는 우주 만유의 제반 현상이 차별상을 가지고 있는 측면을 관찰하는 것, 이법계(理法界)는 우주 만유의 일관된 본체 즉 평등한 세계를 관찰하는 것, 이사무애법계(理事無碍法界)는 이치와 현상이 다르지 않음을 관찰하는 것, 사사무애법계(事事無碍法界)는 이치와 현상뿐만 아니라 현상과 현상끼리도 원융무애함을 관찰하는 것이다.

23  제망주(帝網珠) : 제망(帝網)은 제석망(帝釋網)의 줄임말이다. 제석천 궁궐에 걸린 보배 그물로서 인다라망(因陀羅網)이라고도 한다.

24  원문은 "諸佛法身入我性 我性還共如來合 一月普現一切水 一切水月一月攝."이다.『증도가』, T48-396에는 "一月普現一切水 一切水月一月攝 諸佛法身入我性 我性同共如來合."으로 되어 있다. 앞뒤 구절이 도취되었다.

# 06

## 반야의 정체는 무엇인가?

태말충(太末虫)이란 벌레는 어느 곳에나 달라붙지만 불꽃 위에는 달라붙지 못하며, 중생의 마음은 곳곳에 반연할 수 있지만, 반야 위에는 반연하지 못한다. 불꽃에야 원래 붙지 못하겠지만 반야는 과연 어떤 존재이기에 유독 반연하지 못하는지 나는 모르겠다. 가령 반야에 반연이 불가능하다면 중생이 성불한다는 이치도 옳지 않으리라. 혹자는 그렇지 않다고 말하겠지만 중생은 허망에 미혹하고 생사에 떨어져 세간에 오염되어 떠돌고 있다. 알음알이가 불길처럼 솟아오르고 선악을 분별하는 것 모두가 변계소집성(偏計所執性)[1]으로 이루어진 것이며, 비록 좀 아는 게 있다 해도 희론(戲論)을 이룰 뿐이다. 멀리는 많은 겁을 보냈고 가까이는 금생에 이르기까지 계속 미혹하여 한번도 쉬어 보질 못했다.

반야는 언어를 벗어나고 문자를 벗어났으며, 심식(心識)을 벗어나고 사유를 벗어난 것이다. 나아가 견문각지와 갖가지 분별지를 벗어난 것이다. 이렇게 온갖 것들에서 벗어났기 때문에 벗어나는 자와 벗어날 대상까지도 다 벗어난다. 바로 이렇게 되어야만 반야의 본체를 마주보아 성취할 수 있다.

이른바 반연할 수 없다는 것은 진(眞)과 망(妄)이 각각 대립되어 서로 받아들이지 못하기 때문이다. 비유하면 밝음과 어둠의 두 본체를 서로 합하여 하나로 만들려는 것과 같다. 신통변화가 있다한들 이것이 어찌 가능하겠는가? 그러나 "법에는 다른 모양이 없어 사념을 요동했다 하면 그릇되고, 이치에는 모든 길이 끊겨서 마음을 움직였다 하면 벌써 막힌다"는 사실을 비록 모른다 해도 시방세계에 두루한 것이 반야이며, 온 대지가 바로 광명의 깃발인 것이다. 한 티끌도 그 사이에 끼어들지 못하고 모든 것이 다 원만하고 청정하지만 가느다란 티끌만큼이라도 알음알이가 남아 있으면 억만 세월이 지난들 밝히기 어렵다.

분명하게 깨치려면 반드시 지혜의 작용에 의지해야 한다. 모름지기 한 생각이 싹트기 이전에 주관과 객관의 대립을 뽑아 버리고, 마음이 요동하기 전에 '나다' '남이다' 하는 견해를 비워 버리며, 생각 생각에 무명을 타파하고 망상을 떠나며 반연을 끊고 견문각지를 없애 버려야 한다. 이렇게 뜻을 분연히 일으켜 마치 금강왕보검을 높은 누각에서 허리에 비껴 차고 있다가 물건을 만나는 족족

바로 베어 버리는 것처럼 해야 한다. 종일토록 치열하게 끊임없이 하여 그렇게 하길 오래해 마음과 바깥 경계가 공적해지고, 사람과 법이 공해지며, 의식이 소멸하고, 기량(伎倆)이 다하면 손안의 칼자루까지도 한순간에 놓아버려야 한다.

그래야 비로소 알 수 있다. 중생의 마음을 떠나서는 반야도 없는데 지혜는 어디에 의지할 것이며, 반야를 떠나서는 중생의 마음이 없는데 어디에 반연하겠는가. 즉 중생심은 반야가 아니나 푸른색이 쪽빛에서 나오는 것과 같고, 반야는 중생심이 아니나 얼음이 물에서 나오는 것과 같으니, 바로 중생심이고 바로 반야여서 확연하게 원명(圓明)하며, 한편 반야도 아니고 중생심도 아니어서 전혀 의탁할 곳도 없다. 그런 뒤에는 한 티끌 움직이면 만법이 나타나고 한 생각 거두면 10허(十虛)가 무너져 말고 펴며 주고 빼앗기를 마음대로 종횡하면서 생사거래의 법에서 자유롭게 된다.

그러나 비록 일이 이와 같더라도 조사의 문하와 본분납승의 면전에서는 어떤 말도 남겨 둘 수 없으리라. 기이하다. 이 도가 어찌 옛 사람에게만 있고 나에게만 유독 없겠는가? 총림이 날로 쇠잔해지고 세월은 자꾸 흐르니 노력하여 부지런히 참구하라. 결코 서로를 속이는 것이 아니다.

주:

1 변계소집성(遍計所執性) : 유식3성(唯識三性)의 하나. 경험의 대상 일체는 오직 자심의 드러남일 뿐인 것을 모르고 이리저리 억측해 그 대상에 실체가 있다고 오인하고는 감정과 욕망이 뒤섞여 시비선악의 차별을 일으키고 집착하는 것을 말한다. 예를 들면 길에 놓여진 노끈을 뱀인 줄 오인하고 두려움에 떠는 것과 같은 것이다.

# 07

## 지관(止觀)의 참뜻은 무엇인가?

●

　지(止)는 본체로서 백 천의 모든 부처님이 함께 안주하는 것이며, 관(觀)은 작용으로서 갖가지 수행이 일제히 나타나는 것이다. 본체는 작용 밖에 독립되어 있는 것이 아니니 지는 관 속에 있으며, 작용은 본체 밖에 따로 있는 것이 아니니 관은 지가 있는 곳으로 귀결된다. 본체는 요동하지 않기 때문에 마치 수미산이 허공 속에 서 있는 것과 같고, 작용은 어둡지 않기 때문에 솟아오르는 해가 깊은 골짜기에 걸려 있는 것과도 같다.

　지에는 대상이 없기 때문에 물과 파도가 근원자리에서 사라지고, 관에는 주체가 없기 때문에 빛과 그림자가 고경(古鏡)에서 소멸한다. 수미산이 허공 속에 있듯 지의 본체는 본래 스스로 이지러짐이 없으며, 깊은 골짜기가 솟아오르는 햇빛을 간직하듯 관의 작용은 원래 모두 갖추어져 있다. 근원이 공적해지면 물도 파도도 없어지는데 지가 무엇을 의지하겠는가? 또 거울이 깨지면 빛도 그림자도 없어지는데 관이 어디에 의탁하겠는가? 그렇다면 거울과 근원이 본래 허깨비이고 본체와 작용이 원래 공한 것이니 주관과 객관이 함께 없어지면 지와 관 또한 고요한 것이다.

어떤 사람이 말하였다.

"받드는 가르침에 '중생은 혼침과 산란 때문에 생사의 바다에 빠지고, 모든 부처님들은 지관 때문에 열반의 언덕에 안주한다'는 말이 있습니다. 이른바 지로써 산란을 고요히 중지시키고 항상 관조하며, 관으로써 혼침을 관조하여 항상 고요하게 한다는 것입니다. 그 때문에 고요함과 관조가 쌍으로 나타나고, 정(定)과 혜(慧)가 융합하여 지가 극치에 이르고 관이 원만해지는 것입니다. 이것이 진실이 아니라면 무엇이 진실이겠습니까?

분명히 앞에서 말한 것과 같이 지와 관의 명칭이 혼합되었다면 정과 혜의 본체를 어떻게 나눌 수 있겠습니까? 이론과 실제가 잘못됐으므로 당신의 말씀은 옳은 것 같지 않습니다."

이에 대해 나는 이렇게 대답했다.

"슬프다. 듣지 못했습니까? 『법화경』에서 '오직 이 1승만 진실이고 나머지 2승은 진실이 아니다'고 하지 않았습니까? 지관(止觀)·정혜(定慧)·적조(寂照)·체용(體用) 등은 이치가 본래 다름이 없고 명칭만 달리 붙였을 뿐입니다. 그러나 진실로써 방편에 나아간다면 2변(二邊)이 각각 성립되지만 방편을 돌이켜 진실로 귀결한다면 '하나'라는 것도 존재하지 않습니다. 만일 방편과 진실이 분리되지 않는다면 이론과 실제는 저절로 오류가 됩니다.

신령스런 비춤은 상대가 끊겼고 진실한 깨달음은 의지함이 없는데, 실로 일념이 홀연히 일어난 것을 연유하여 만법이 일어나게 되었다는 사실을 자못 알지 못했다고 하겠습니다. 또한 미혹과 깨달음이 다른 생각이 아닌데 얻고 잃음에 어찌 두 사람이 있겠습니까? 그러므로 성인이 베푼 가르침이 백 천 가지로 모두 다르지만 근기와 사람 됨됨이에 알맞게 허망을 버리고 집착을 제거하게 한 것일 뿐입니다. 이는 모두 훌륭하고 교묘한 방편삼매의 지력(智力)에서 나온 것입니다. 어찌 그 사이에 정해진 의도가 있었겠습니까? 그렇다고 정해진 의도가 없었던 것도 아닙니다. 요컨대 뜻을 얻으면 말을 잊어야 하는 것입니다.

또 지로 산란을 그친다 하나 산란하는 까닭을 모르고, 관으로 혼침을 관찰한다고 하나 혼침하는 원인을 모르고 있습니다. 가령 중단될 수 있는 산란이라면 마음 밖에 법이 있게 되며, 관할 만한 혼침이라면 법 밖에 마음이 있게 됩니다. 이른바 산란이란 공적한 영원(靈源)을 말미암지 않고는 스스로 발생하지 못하며, 혼침도 원담(圓湛)한 진체(眞體)가 아니라면 무엇을 말미암아 스스로 일어나겠습니까?

또 공적하고도 신령스런 근원자리는 움직임과 고요함이 다르지 않은데 원만하고 담적한 진체인들 밝음과 어둠이 어찌 다르겠습니까? 가령 지가 움직임과 고요함이 끊어진 근원에 나타난다한들 한 줌 흙을 수미산에 보태는 것과 같고, 관을 밝음과 어둠을 떠난 본체에 더한다한들 작은 등불로 밝은 골짜기를 비추는 것과 같을 것입니다.

또 한결같고 진실하고 지극한 본체를 확연히 밝힌다면 만법의 허깨비 명칭은 자연히 풀립니다. 지금 이 생각을 떠나지 않는데 수행의 계단이나 사다리가 어찌 필요하겠습니까? 지와 관을 혼침하고 산란하는 장소에서 융합하고, 정과 혜를 생멸이 일어나는 순간에 완전하게 해야 합니다. 그리하여 모든 파도 속에서 맑은 물을 관찰한다면 맑고 탁함을 누구라서 구분하겠으며, 5색 속에서 둥근 구슬을 본다면 더러움과 깨끗함에 미혹할 수가 없습니다.

지극하도다, 이 뜻이여. 세상에는 들어본 사람이 드물구나! 증득해야만 알게 되고 깨닫지 못하면 헤아릴 수 없으니, 말 이전에 알아차린다 해도 이미 옆길로 샌 것입니다. 의식으로 헤아리고 구하려 한다면 뱃전에 표시를 하는 격이니 무슨 이익이 있겠습니까!"

# 동어서화 속집·하

# 01

## 견해의 병통〔見病〕은 무엇인가?

●

객승이 질문하였다.

"옛 사람들은 '지금의 산하대지와 4대5음(四大五陰)과 명암색공(明暗色空) 등이 중생의 시작 없이 흘러온 견해의 병통〔見病〕때문에 생겼다'고 했습니다. 저는 여기서 말하는 '견해의 병통'이 무엇인지 모르겠습니다. 풀이를 바랍니다."

나는 손에 쥐었던 부채를 들어 보이고 그에게 물었다.

"그대는 이 겉모습을 가리켜 부채라고 하겠습니까, 아니라고 하겠습니까? 두 가지 모두가 바로 견해의 병통입니다."

그리고 나는 거위가 우는 모습을 보고는 다시 말했다.

"그대는 이 소리를 귀로 듣고 거위의 울음소리라고 말하겠습니까, 거위의 울음소리가 아니라고 하겠습니까? 이 두 가지가 견해의 병통임은 물론이고 나아가 우리의 코·혀·몸·의식으로 마주하는 6진(六塵)의 경계까지, 옳다 그르다 하는 것은 모두 견해의 병통입니다. 왜냐하면 옳다고 긍정할 경우 그것은 상견(常見)에 떨어지는 것이고, 아니라 부정하면 단견(斷見)에 빠지기 때문입니다. 상견에 떨어지면 산하와 대지가 실제 있는 것이 되어 버리고, 단견에 빠지면 산하와 대지가 본래부터 없던 것이 됩니다. 유(有)와 무(無), 단(斷)과 상(常), 3세(三世)와 5음(五陰)을 종합하면 모두 62종이 되는데 이 62종이 모두 그릇된 견해입니다.

이른바 견해[見]라는 것은 눈으로 보는 것만 아니라 허망한 마음으로 집착하는 것도 견해라 합니다. 『수능엄경』에 '6진(六塵)으로 말미암아 지(知)가 발현하고 6근(六根)으로 인해 상(相)이 있게 되니, 모양[相]과 견해[見]는 본성이 없는 것이 마치 갈대를 엮어놓은 것과 같다'[1]고 하였습니다. 『능엄경』에서는 견(見)이라는 말 대신 지(知)라고 하였습니다. 말하자면 6근과 6진이 상대하는 것이 견해입니다. 이것을 병통이라고 한 까닭은 무엇이겠습니까? 그것은 이 두 견해가 신령한 근원을 옹색하게 하고, 법성(法性)을 가로막아 허망을 일으키며, 생사에 결박되어 결국 벗어나지 못하게 하기 때문입니다.

위에서 말한 범부와 2승(二乘)의 견해의 병통은 모두 이와 같습니다. 그러나 조사의 문하에서는 산하·대지 등이 자기 묘명진심(妙明眞心) 속 물건이라고 깨달은 것조차도 떨쳐 버리고, 유와 무 양 극단에도 머무르지 않습니다. 심지어는 4구(四句)를 떠나고 100비(百非)를 끊어 법진(法塵)마저 청정하게 다스리고, 보살의 지위에 올랐다는 생각도 남겨두지 않습니다. 혹 얻은 것을 털끝만큼이라도 잊지 못하고 있다면 이 또한 견해의 병통이라 하겠습니다. 이 자리에서는 어찌 산하·대지만이겠습니까? 가령 백 천 화장해(華藏海)의 해탈보리장(解脫菩提場)과 법계·허공·성문·보살·부처의 오묘한 가르침과 신기(神機)의 삼매와 어묵동정 등도 한마디로 말해 모두 견해의 병통입니다."

객승이 말하였다.

"세속에 이 병통을 치료할 자가 있습니까?"

나는 말했다.

"없다고 하면 불법이 영험하지 못한 것이 될 것이고, 있다고 한다면 그대의 병통만 더할 것입니다."

객승이 망연해하기에 몇 가지 적어 본다.

주:

1   원문은 "由塵發知因根有相 相見無性同於交蘆."이다. T19-124b.

# 02

## 이치는 둘이 아니라고 하는 참뜻은 무엇인가?

　천하의 이치를 가만히 엿보았더니 참된 이치는 모두 하나이지 둘이 아니다. 잘 모르는 사람만이 참된 이치를 둘로 보고 동일하게 보지 못한다. 그것은 무엇 때문인가? 세상에는 본래 모든 알음알이를 쉬어서 한가한 자도 있고, 게을러서 한가한 자도 있다. 두 사람은 한가하다는 측면에서는 동일하지만 알음알이를 쉰 것과 게으른 면에서는 하나라고 할 수 없다. 바쁜 것도 똑같다. 도의(道義)를 극진히 하느라 바쁜 사람도 있고, 이욕(利欲)을 좇느라 바쁜 자도 있다. 바쁜 것은 똑같지만 도와 이욕을 같다고 할 수는 없다.

　잘못에 깊이 빠져 되돌아올 줄 모르는 까닭은 다름 아니라 마음이 미혹함과 깨달음 두 갈래에 빠져 스스로 잘못된 것을 알지 못하기 때문이다. 스스로 모르기만 한 것이 아니라 깨달은 사람이 자기와 닮지 않았다고 책망하면서 몹시 미워하기까지 한다. 마치 게으른 사람이 죄악의 더러운 수렁에 스스로 빠졌다는 것은 모르고 도리어 도의를 극진히 하느라 바쁜 사람을 잘못되었다 하는 것과 같다. 또 자신의 사리사욕을 좇느라 바쁜 자가 자신이 미치고 전도된 세계에 빠졌다는 사실은 모르고 도리어 마음과 뜻을 쉬어 한가한 사람을 잘못되었다 하는 것과도 같다. 오직 성인의 마음만이 도의(道義)에 공정하여 백 천의 방편으로써 허망하고 잘못된 정(情)을 바로잡고, 한가한 사람과 바쁜 사람 모두를 그 이치에 계합시켰다.

아아! 사람들의 정(情)이 미망에 빠지고 말았구나. 성인이 '옳다'고 한 것을 사람들도 '옳다'고는 한다. 그러나 말뿐이고 정작 생각은 고치지 않는다. 또한 성인이 '잘못이다'라고 한 것을 사람들 또한 '잘못이다'라고 한다. 그러나 입으로는 '잘못이다'라고 하지만 정작 그 정(情)은 버리지 않는다. 이러한 시시비비가 겉으로 보아서는 그럴듯하지만 진실과 견주어 보면 하늘과 땅보다 더 큰 차이가 난다. 세속의 잘못에 관해서는 우선 덮어두고 얘기하지 말기로 하자. 가령 '마음이 곧 부처다'라는 말은 깨달은 사람도 그렇게 말하고, 알음알이로만 이해한 사람도 그렇게 말한다.

이것이 겉보기에는 비슷하다고 말하는 까닭은 '마음이 곧 부처이다'라고 하는 말을 두고 하는 것이다. 깨달은 사람의 말은 밝은 거울이 물건을 비추면서 흠이나 자취를 남기지 않는 것과 같다. 그러나 알음알이로 이해한 사람의 말은 마치 다섯 가지 색깔로 어떤 물건을 그리면서 붓을 조금이라도 움직였다 하면 군더더기가 늘어나 어찌지 못하는 경우와 같다. 그런데도 배우는 사람들은 어찌 겉보기만 그럴듯한 이치를 구분해 내질 못하는가?

  세상의 모든 그릇은 제각기 용량이 있기 마련이다. 술잔은 술잔으로서의 크기가 있고, 항아리는 항아리로서의 크기가 있는 것이다. 따라서 그릇의 종류를 굳이 다 말하지 않더라도 그릇의 용량이 저마다 다르다는 것을 알 수 있을 것이다. 사람의 마음은 바로 몸의 그릇이다. 그러므로 어찌 그것에 크기가 없겠는가? 성인과 범부의 마음은 하나일 뿐 둘이 아니다. 그런데도 그 마음의 크기가 다른 까닭은 무엇 때문인가?

  그것을 이해하려면 다음의 사실을 꼭 알아야 한다. 술잔도 그릇이고 항아리도 그릇이다. 그릇이라는 측면에서 보면 둘 다 다를 것이 없지만 크기는 소견의 밝음과 어둠을 따라서 대소가 구별된다. 이것은 마치 개미는 눈을 부릅떠도 아주 조금밖에 보지 못하고 사람 역시 아무리 애써도 몇 리 이상은 볼 수 없지만 신통을 갖춘 성인은 대천세계를 손바닥 안의 암마륵(菴摩勒) 열매를 보듯 하는 것과 같은 일이다. 더구나 우리 부처님께서는 4대해(四大海) 같은 눈으로 미진찰토(微塵刹土)를 뚜렷하게 관찰하여 무엇 하나 빠뜨리지 않으신다. 그래서 '부처님 마음의 크기는 항사세계(恒沙世界)에 두루한다'는 찬사가 생기게 된 것이다.

장무구거사(張無垢居士)[1]는 "사람이 경솔하게 노하고 쉽게 기뻐하는 것은 도량이 크지 못하기 때문이다. 도량이 크지 못하면 조금이라도 거슬리는 것을 보면 기분이 나빠진다. 기분이 좋지 않으면 하는 말이 온화하지 못하고, 말이 온화하지 못하면 분노하는 기색이 얼굴에 나타난다. 심지어는 이를 갈고 팔을 걷어붙이면서 어쩔 줄 몰라 한다. 이처럼 내 그릇의 크기가 용납하지 못해 상대의 악이 불같이 일어나게 되면 화와 재앙의 덫에 걸려들지 않을 자가 없다."고 하였다.

소견의 밝음과 어두움은 학문이 제대로 되었느냐 아니냐에 달려 있다. 학문이 제대로 되지 못하면 소견이 어두워 도량이 좁아지고, 학문이 차츰 이루어지는 사람은 소견도 깊어지고 확연해진다. 나아가 학문이 순일해지면 소견도 넓어져 굉활하게 되며, 학문이 크게 이루어지면 견해는 분명하고 원만해진다. 성인(聖人)은 학문이 크게 이루어진 자이며, 지인(至人)은 학문이 순일하게 이루어진 자이며, 현인(賢人)은 학문을 점진적으로 이루어가는 사람이며, 일반 사람들은 학문이 제대로 이루어지지 못한 자들이다. 이렇게 되면 마음의 도량은 자연 작아질 뿐이다.

도량이 한 번 좁은 데 빠지면 넓어지기가 어렵다. 그러므로 터럭만큼이라도 이해(利害)를 좇지 않게 늘 함양해야 된다. 마음의 소견은 노력한다고 해서 이루어지는 것은 아니지만 함양의 도는 힘써 실천하고 정진하지 않으면 안 된다. 함양이란 첫째 믿음을 근본으로 삼는다. 믿음이란 무엇인가 하면 성인의 말을 전적으로 믿는 것이다. 학문이 제대로 이루어지지 못했으면 소견도 자연 어둡다. 마음에 보고 들은 바가 없어 걸핏하면 성인의 말씀을 믿지 않고 천리(天理)를 어기는 짓을 죽을 때까지 계속한다. 그래서 성인께서는 "3계는 별다른 법이 아니다. 한 마음으로 지은 것일 뿐이다."라고 하신 것이다. 3계는 본래 일삼을 것이 없는데, 사람의 마음이 스스로 흔들렸을 뿐이다. 실로 이 사실을 믿는다면 모든 경계에 시비증애(是非憎愛)를 두지 말아야 한다. 혹 이런 견해를 간직했다면 바로 이것을 두고 자기 마음을 분별한 것이라 한다. 자기의 마음을 분별했다면 내 마음의 도량도 비좁고 옹색할 뿐이다. 시비를 분별할수록 마음 그릇의 도량은 더욱 좁아진다.

 티끌 수처럼 두루한 법계를 우러러 관찰해 보라! 하루와 영겁 세월의 차이가 고작 배(倍)만 되겠는가. 그러나 믿은 후에야 배울 수 있고, 배운 후에야 지극히 알 수 있고, 지극히 알고 난 후에야 밝힐 수 있고, 밝힌 후에야 영원할 수 있는 것이다. 뚜렷하게 밝히고 영원하게 살필 수 있다면 마음의 도량은 머지않아 허공과 같이 너그러워질 것이다. 비록 삼라만상이라 해도 이것을 가로막지 못할 것이다. 사람마다 이 같은 도량을 갖추었건만 믿음이 독실하지 못하고 학문을 이루지 못했기 때문에 시비증애를 달게 여기고 번뇌 습기의 세계에 갇혀 있게 되었다. 수행하는 사람이 어찌 이렇게 마음을 쓸 것인가?

주 :

1   장무구거사(張無垢居士) : 송대의 학자이자 관리로 이름은 구성(九成), 자는 자소(子韶)·무구거사(無垢居士)·횡포거사(橫浦居士)며, 개봉(開封) 출신이다. 소흥(紹興) 2년(1132) 진사(進士)에 급제하고 예부시랑(禮部侍郎), 진동군첨판(鎭東軍簽判), 태상박사(太常博士)를 지냈다. 재상 진회(秦檜)의 배척으로 유배당하였으나 소흥 25년(1155) 진회의 죽음으로 온주(溫州) 자사에 복귀되었다가 몇 개월 후 병사하였다. 일찍이 영은사(靈隱寺) 오명(悟明)선사를 참예하는 등 불교에 관심이 많았으며 대혜종고(大慧宗杲, 1089-1163)와 깊은 교류를 가졌다.

# 03

## 재량을 키운다는 것이 무슨 뜻인가?

　옛 사람이 말하기를, "주머니가 작으면 큰 것을 담지 못하고, 두레박 줄이 짧으면 깊은 우물의 물을 긷지 못한다."고 하였다. 이 말은 모든 것에는 일정한 한계가 있어 그것을 뛰어넘을 수 없다는 것을 이른다. 나의 주머니가 다섯 자이면 석 자의 물건을 넣는 것은 가능하다. 그러나 내가 가진 두레박줄이 두 길밖에 안 되면 세 길 깊이의 물은 길을 수 없다.

　모든 일을 가능한 범위 내에서 알맞게 한다면 여유롭고 자유자재로 어렵지 않게 해결할 수 있겠지만 안 되는 일에 부딪치면 두렵기도 하고 놀랍기도 하면서 궁핍해진다. 이렇게 작은 데 큰 것을 담고 짧은 두레박으로 깊은 물을 긷는다면 낭패가 아닐 수 없다. 그러니 어찌 사람의 재능과 도량을 억지로 키울 수 있으리오. 그러므로 말하노니 재량은 관대하게 하고 일은 간략하게 해야 한다. 그렇지 않다면 자신의 재량을 헤아리지 못하고 일을 하는 경우가 많으리라.

# 04

## 마음의 도량과 복은 어떤 관계인가?

●

　세상에는 입에서 나오는 대로 말하더라도 어긋나지 않으며, 생각나는 대로 하더라도 일이 항상 잘 되는 경우도 있다. 그러나 마음의 도량이 크고 재량이 큰 것과는 비교도 되지 않는다. 도량이 그렇게 되는 것이 어찌 온갖 지식을 모두 통달하고 온갖 지혜를 두루하여서 이루어지는 것이리요! 이것은 다만 복이 많아서 그렇게 될 뿐이다. 복이란 형상이 없는데 도량이 무엇을 의지하겠는가? 나는 일찍이 형상 없는 복으로써 의지할 것 없는 도량을 찾아보았더니 거기에는 실낱같이 작은 차이도 전혀 없었다. 그것은 나에게 신령스런 견해가 있어서 그런 것이 아니라, 그저 현상대로 관찰해 보았던 것이다.
　가령 어떤 사람이 있다 하자. 밖으로는 먹고살기에 부족하고 안으로는 질병에 걸렸으면서도 하소연할 곳이 없다면 이 사람은 복이 제 몸뚱이 하나 보살피기에도 부족한 것이다. 혹자는 배고픔과 추위도 면하지 못했는데 재앙이 함께 모여들어 닭이나 개만큼도 편안치 못한 사람들이 있다. 그들이 가진 복이란 한 집안을 보살피기에도 부족하다. 또 자기 한 개인에게 복이 있으면 제 한 몸이 편안하고, 여러 사람에게 복이 있으면 온 집안이 편안해지고, 나아가 나라가 편안해지고 온 천하가 편안해지니 이 모두가 복에 근본하지 않은 것이 없다.

  세상의 어리석은 자들은 자기 복이 두루하지 못한 점은 책망하지 않고 남들이 나를 순종해 주지 않는다고만 원망한다. 이것은 마치 귀먹은 사람이 다른 사람의 소리가 들리지 않는다고 탓하는 것과 같으니 어찌 어리석은 짓이 아니리요. 지혜로운 사람만이 세상과 더불어 떴다 가라앉았다 하면서도 세상을 탄식하거나 남을 원망하지 않는다. 그러니 복이 많고 적음은 인위적으로 더하거나 덜어내지 못한다는 사실을 알 수 있다.

# 05

## 요즈음은 불법이 왜
## 옛날처럼 흥성하지 않는가?

도는 본래 모든 사람에게 갖추어져 있지만 지혜와 복은 수행을 통해서 완성된다. 지혜가 이루어지면 본래 타고난 도가 더더욱 밝아지고, 복이 모이면 본래 타고난 도가 더욱 드러난다. 그러나 지혜와 복을 둘 다 모두 잃으면 본래 타고난 도마저 숨어 버린다.

어떤 사람이 말하였다.

"옛 사람은 천진하고 순수해 교화하기가 쉬웠습니다. 그렇기 때문에 법회가 곳곳에서 성대하게 이루어졌습니다. 그러나 요즘 사람들은 얄팍하기 때문에 교화하기 어렵습니다. 그래서 곳곳마다 법회가 적어지게 되었습니다."

나는 말했다.

"그렇지 않습니다. 중생의 정(情)에 한 번 구멍이 뚫렸다 하면 자꾸 깊어져서 시시비비가 나타나는 법입니다. 2천여 년 전부터 지금에 이르기까지 한순간도 증애가 없었던 적은 없습니다. 요즘 사람이 그대로 옛 사람이니 옛 사람의 증애가 그대로 요즘 사람들의 증애인 것입니다. 끝내 털끝만큼 줄지도 늘지도 않았습니다.

옛날에 법석(法席)이 성대하게 거행되었어도 실패한 일이 없었던 까닭은 법을 주재하는 사람이 복이 있고 인연이 맞았기 때문이며, 게다가 여기에 감응한 대중이 있었기 때문입니다. 그저 당시의 대중들이 천진하고 순수해서 교화가 쉬웠던 것은 아닙니다. 요즘 걸핏하면 마귀의 재앙을 만나고 쇠미한 채 힘을 떨치지 못하는 까닭은 법을 주재하는 자가 복과 인연이 없기 때문이지 결코 중생의 성품이 들뜨고 경박하여 교화하기가 어려워서 그런 것은 아닙니다.

무엇을 증거로 그렇다는 것을 알 수 있을까요? 금일과 같은 쇠잔은 옛날에도 있었고 옛날과 같은 번성은 지금도 역시 있기 때문입니다. 어찌 인정이 변하고 바뀌어서 그런 것이겠습니까. 실로 복과 인연에 관계된 일입니다. 내 나름대로 생각했던 바를 말해 보겠습니다. 교화가 잘 되는 까닭은 총명하기 때문에 그런 것도 아니고, 교화가 잘 되지 않는 것은 우매하기 때문에 그런 것도 아닙니다. 무엇 때문일까요? 총명은 스스로 총명한 것이 아니고 복이 많아서 그 총명을 북돋워주었기 때문입니다. 반면에 어리석음은 스스로 어리석은 것이 아니라 복이 없어서 어리석어진 것입니다. 사람들은 그저 총명함 때문에 교화가 잘 되는 줄만 알 뿐 총명의 바탕이 복이라는 것을 알지 못하며, 어리석음 때문에 혼란해진다는 것만 알 뿐 그 혼란하게 하는 바탕이 복이라는 사실을 알지 못합니다. 복이 많으냐 적으냐에 따라 교화가 잘 되기도 하고 못 되기도 합니다. 복이야말로 한결같이 전생의 업에 따라 정해져 있으니, 금일에는 어떻게 해볼 수가 없습니다.

　달마스님의 도가 동쪽으로 온 이후에 도가 높고 덕이 많았던 스님들의 행적이 여러 책 속에 모두 실려 있어 여기저기에서 읽어 볼 수 있습니다. 그 중에는 기이한 질병에 걸린 자도 있었고 쓸쓸히 산속에 은거한 자도 있었으며, 세상에서 종적을 감춘 자도 있었고 세상에 나와 교화를 펴려다 그만 여러 가지 일에 휘말려 그 도를 펴지 못한 자도 있었습니다. 존엄하게 방장실(方丈室)[1]에 거처하면서 모든 사람들이 에워싸기를 마치 우담화(優曇華)[2]가 출현하듯 하며 빛나는 광명이 고금을 두루 비추었던 인재는, 천만 사람 가운데 한두 사람 정도일 뿐이었습니다. 그런데 그 사람들이 체득한 도는 다른 사람들과 다를 것이 없고, 다만 복에 차등이 있어서 성쇠의 자취가 동일하지 않았을 뿐입니다. 그러므로 석가모니 부처님을 양족존(兩足尊)이라 불렀던 까닭은 모두 이유가 있었습니다. 그러나 복은 과거의 업에 얽매여 그 과보가 다하면 없어져 버립니다. 그렇기 때문에 도인은 복 많은 것을 뽐내지 않습니다.

　옛날에 전오(典午)[3]가 '책(策)스님은 복이 지혜에 미치지 못한다'고 걱정하자 책스님은 말씀하셨습니다.

'참선하는 자는 그저 자기 안목이 밝지 못할까만 걱정해야 합니다. 안목만 밝아진다면 부처님을 홀로 마주하고 밥을 먹은들 무엇을 걱정하겠습니까?'라고 했습니다. 그러자 전오가 그 뜻을 알아듣고는 고개를 끄덕였다고 합니다.

참으로 애석하도다! 업보의 인연을 오묘하게 살피고 도의 안목이 홀로 빼어났던 분은 책스님뿐이었습니다. 성쇠의 자취가 어찌 도의 안목을 더럽힐 수 있겠습니까?"

주
:

1   방장실(方丈室) : 사방 1장(丈) 크기의 방. 유마거사가 사방 10척 되는 방에 3만 2천 사자좌를 늘어놓았다는 말에서 비롯되었다. 절의 주지나 총림의 최고 어른이 거처하는 곳을 일컫는다.
2   우담화(優曇華) : 우담발라화(優曇跋羅華)·오담바라화(烏曇波羅華)·우담발화(優曇鉢華)라고도 하며 영서화(靈瑞華)라고도 한다. 3천 년 만에 한 번 꽃이 핀다 하여 아주 희유한 일을 비유할 때 사용한다.
3   전오(典午) : 관직 이름이다.

# 06

## 총림의 말뜻은 무엇인가?

　세상에서 말하는 소위 총림(叢林)이란 초목에다 비유한 말로서 법과 도가 의탁하는 곳이며 큰 인물들이 나오는 곳이다. 초목은 북돋아주고 김매주면 풍성해지고 알맞게 비가 내리면 싱싱해진다. 그러나 서리와 눈이 내리면 시들어지고 도끼에 찍히거나 하면 모두 죽어 버린다. 총림에서는 위없는 큰 도가 북돋고 김매는 것이고 자비희사(慈悲喜捨)[1]가 촉촉이 적셔주는 것이며, 편안하기만 바라는 것은 눈이나 서리이고 탐욕과 성냄은 도끼에 해당한다. 총림을 주관하는 자가 북돋고 김매고 적셔주는 도리를 모른다면 초목은 병들어 버리고 만다. 그런데 하물며 편함과 잇속만 기르는 도끼, 즉 초목으로 말하자면 눈발이나 서리에 해당하고 인간으로 말하자면 탐심이나 성냄에 해당하는 도끼로 찍어 죽여서야 되겠는

가. 이렇게 되면 초목들이 새싹을 틔울 겨를도 없는데, 뛰어난 인재들이 모여들어 총림이 성대하기를 기대할 수 있겠는가? 그것이야말로 도저히 불가능한 일이다.

주
:

1 자비희사(慈悲喜捨) : 4무량심(四無量心)이라 한다. 남을 깊이 사랑해 물심양면으로 도와주는 것을 자(慈), 남의 고통을 두고 볼 수 없어 하고 아픔을 덜어주는 것을 비(悲), 남의 기쁨을 따라 함께 기뻐하는 것을 희(喜), 이해득실에 관여치 않고 평등하게 대하는 것을 사(捨)라 한다.

# 07

## 예법과 도는 어떤 관계인가?

　우리 총림에서는 읍(揖)¹으로 인사하며 올리고 내리는 것을 예(禮)라 하고, 매질하고 물리치며 욕을 보이는 것을 법(法)이라 한다. 옛 사람들이 체득한 도를 실천하고자 하면 반드시 예와 법으로써 보완해야만 도가 시행된다. 예란 미연에 방지하는 것이며 법이란 이미 그렇게 되어 버린 상태에서 그 잘잘못을 다스리는 것이다. 그러나 혹 도가 제대로 확립되어 있다면 어찌 반드시 예를 의지해야만 올바르게 되고 법으로 다스린 뒤에야 따르겠는가? 총림에서 예와 법을 사용하는 까닭은 마치 국가에서 전쟁을 하는 이유처럼 부득이해서 그러는 것이다. 예와 법을 통해서 올바로 참선하려는 납자의 마음 씀씀이와 행동거지를 바로잡으려는 뜻일 뿐이다.

　혹시라도 지극한 도에 근본을 두지 않고 예와 법에 융통성이 없다면, 그런 예는 헛된 속임수에서 나온 것이며 그런 법은 오히려 원수인 적과 가깝게 된다. 헛된 속임수는 예를 잊기 쉽고, 원수 같은 적은 법을 뒤바꿔 놓는다. 예가 사라지고 법이 변하면 그 마음 씀씀이 또한 크게 파괴된다. 그러니 그 밖의 자잘한 예의범절은 말해 무엇하랴!

주:

1 읍(揖) : 두 손을 맞잡아 얼굴 앞으로 들어 올리고 허리를 앞으로 공손히 구부렸다가 몸을 펴면서 손을 내리는 예법.

# 08

## 도를 닦으려면
## 어떤 자세가 필요한가?

　도를 배우려면 모름지기 다섯 가지 올바른 믿음을 갖추어야 한다. 첫째는 마음속에서 희로애락(喜怒哀樂)하는 주인옹(主人翁)의 본모습은 3세 모든 부처님과 비교해 보더라도 한 털끝만큼도 부족하지 않다는 사실을 믿어야 한다. 둘째는 그것이 오랜 세월 이전부터 바깥 성색과 애증에 물들어 끊임없이 흘러 덧없는 생사를 이루고, 4대 속에서 생각 생각 떠돌아다니며 한순간도 머무르지 않았다는 사실을 믿어야 한다. 셋째는 고인들께서 자비를 베풀어 남겨 주신 말씀은 단 한마디 반 구절일지라도 하늘을 떠받칠 만한 긴 칼과 같아서, 사무치게 새기고 분명하게 이해하기만 하면 윤회의 근본을 끊을 수 있다는 사실을 믿어야 한다. 넷째는 참선하는 데 있어서 다만 그것을 계속하지 못할까만 근심하고, 생각 생각마다 정교롭고 한결같이 참선하면 언젠가 생사에서 투철하게 벗어날 날이 있다는 사실을 믿어야 한다. 다섯째는 생사는 덧없어 작은 일이 아니므로 꼭 해결하고야 말겠다는 분연한 굳은 의지로 오직 해탈하기만을 기약하지 않는다면 3악도의 윤회를 절대로 벗어날 방도가 없다는 사실을 믿어야 한다.

 한편 또 도에 나아가는 첩경이 될 만한 세 가지 법이 있다. 첫째는 지혜의 안목이 밝아야 하며, 둘째는 이치의 본성을 통달해야 하며, 셋째는 뜻이 견고해야 한다. 지혜의 안목이 밝으면 세간의 신심(身心)과 나타나는 모든 경계 및 일체의 시비·증애·취사·득실·빈부·수요(壽夭)[1]·고락 등이 모두 헛된 것이므로 결코 실다운 의미가 없다고 꿰뚫어 보아 사량분별을 일으키지 않는다. 이치의 본성을 통달하면 위로는 불조께서 말씀하신 어언(語言)·명상(名相)에서부터 3교(三敎)의 성현 및 제자백가의 별의별 주장에 이르기까지가 모두 한 근원으로 귀결됨을 알아 그것들이 서로 다르다는 견해를 일으키지 않는다. 또 뜻이 견고하면 지금부터 미래에 이르기까지 멀고 가까움을 가리지 않고 철저하게 깨닫지 않고서는 끝내 그만두지 않는다. 이 세 가지 법 중에 첫째만 갖추고 둘째와 셋째를 빠뜨리면 하릴없는 사람이 되며, 둘째만 갖추고 첫째와 셋째를 빠뜨리면 그저 머리만 영리한 사람이 될 것이며, 셋째 법만 갖추고 첫째와 둘째 법을 빠뜨리면 그저 선판(禪板)[2]만 짊어지고 다니는 납자가 된다.

이 도는 천 리나 되는 먼 길을 가는 것과 같다는 사실을 분명히 알아야 한다. 첫째와 둘째만 갖추고 셋째를 빠뜨리면 9백리 정도 가다가 중지하는 자이며, 첫째와 셋째만 갖추고 둘째를 빠뜨리면 갈림길에서 어쩔 줄 몰라 우는 신세를 끝내 면하지 못하며, 둘째와 셋째만 갖추고 첫째를 빠뜨리면 그는 가는 길마다 반드시 막히리라는 사실을 나는 알고 있다. 이 세 가지 법을 모두 갖추면 한 발짝도 움직이지 않고 이미 깨달음의 집에 도달한 것이나 다름없으리라는 사실을 내가 보증할 수 있다. 어찌 미혹을 벗어나는 나루터가 어디인가를 거듭 묻고, 말채찍의 그림자를 다시 흔들 필요가 있겠는가?

주 :

1   수요(壽夭) : 장수와 요절.
2   선판(禪板) : 선판(禪版)·의판(倚版)이라고도 한다. 좌선하다가 피로를 없애기 위해 스님들이 사용하는 판. 넓이 약 2촌, 길이 약 1척 8촌. 이 판때기 위에 구멍을 뚫고 끈을 꿰어 승상(繩床)의 뒤에 걸고, 판면을 좀 경사지게 하여 몸을 기댄다.

# 09

## 윤회에서 벗어나지 못하는 이유는 무엇인가?

●

 도반 여러분! 천 번이고 만 번이고 윤회하면서 기량을 다해 보고도 결국 벗어나지 못한 까닭은 무엇이겠는가? 그것은 모두 참마음[眞心]을 일으키지 않아 그런 것이다. 참마음은 바깥 경계와 부딪치는 바로 그 자리에 존재하는 것으로서 사량분별을 기다릴 필요가 없는 그것이다. 비유하면 마치 남이 나를 악하게 헐뜯는 소리를 들으면 바로 화가 치미는 것과 같다. 바로 그때 몸과 마음의 경계는 물론 견문각지(見聞覺知)가 모두 화다. 나아가 밥 먹는 것도 잠자는 일도 모두 잊고 꿈속에서도 그것이 나타나며, 그런가 하면 원망을 품고 종신토록 잠시도 잊지 못하는 것도 모두 화다.
 위와 같은 화는 수많은 8만 번뇌 중 겨우 한 가지 번뇌에 불과하다. 번뇌 하나가 그럴진댄 나머지 모든 번뇌도 다 그렇다. 번뇌끼리 서로서로 자물쇠 고리처럼 연결되어 생사를 이루고는 끊임없는 고통의 세계로 흘러드는 것이다.

참선하여 이 생사의 문제를 해결하려면 이렇게 해야 한다. 즉 남들이 생사에 대해 이러니저러니 언어나 문자로 사량분별하는 소리를 들으면 곧바로 사람들이 나를 악하게 헐뜯는 소리를 들은 것처럼 해야 한다. 뿐만 아니라 경교(經敎)에서 한 말을 끌어들여 알음알이를 조작하고 사량하려 하지 말라. 오직 분하고도 분한 마음이 마음속에서 떨쳐 버리려 해도 떨어지지 않는 것처럼 해야 한다. 만일 단박 깨치지 못했다면 죽더라도 그만두어서는 안 된다. 이와 같이 마음먹는다면 어찌 생사의 대사를 깨닫지 못하겠는가.

# 10

## 생사문제는
## 어떻게 해결할 수 있는가?

●

 이른바 선(禪)이란 현학(玄學)도 아니고 해괴한 이론도 아니며, 은밀하게 주는 것도 아니고 비밀스럽게 전하는 것도 아니다. 그것은 중생이 본래부터 갖고 있는 성품인 동시에 원래 모든 부처님들이 깨달으신 삼매이다. 이 성품을 깨치려면 반드시 간절하고도 절실해야 한다. 왜냐하면 '생사는 덧없다'는 이 한 구절은 만겁을 지내오도록 해결하지 못한 일대사인연(一大事因緣)[1]이기 때문이다. 만일 금생에 이것을 몽땅 뒤집어엎지 못하면 미래제가 다하도록 깨칠 기약이 없으리라.

 이와 같이 발심하여 결코 다른 견해를 내지 말고 오래오래 하다 보면 알음알이가 완전히 없어지고 요리조리 따지는 기량이 끊어질 것이다. 그렇게 단박에 한바탕 깨치고 나면 덧없는 생사 그대로가 선(禪)의 골수이며, 선 그대로가 덧없는 생사의 핵심이었다는 사실을 비로소 알게 된다. 그런 다음 참선이니 생사니 하는 생각들을 모두 없애면 기침하고, 침 뱉고, 팔 흔드는 것 등이 모두 달마스님께서 서쪽에서 오신 소식인 줄 알게 되리라. 그러면 저절로 두두물물(頭頭物物) 어디에서나 명백하게 드러나 과연 참선이란 현묘하지도 비밀스럽지도 않다는 것을 비로소 알게 된다. 그대가 만약 실로 생사가 덧없다는 사실을 절감하지 않고서 참선을 하는 자라면 인도의 96종 외도²와 조금도 다르지 않다.

주:

1 일대사인연(一大事因緣) : 극히 중대한 인연이란 뜻이다. 『법화경』 「방편품」, T9-7a에서 "부처님께서 이 세상에 출현하신 것은 중생들에게서 부처님의 지견[佛知見]을 열어주고[開], 보여주고[示], 깨닫게 하고[悟], 들어가게[入] 하려는 일대사인연(一大事因緣) 때문이다."라고 하였다. 즉 모든 가르침이 오직 삶과 죽음이라는 중대한 문제를 해결하기 위한 다양한 방법이었다고 천명하였다.

2 96종 외도 : 석가모니 부처님 당시 여러 사상가들 가운데 가장 세력이 강했던 6인과 그들의 제자 각각 15인을 합하여 96인이 있었다.

# 11

## 중생들은 왜 범부 짓을 하는가?

●

　부처님과 조사의 도(道)는 범부라 해서 결코 털끝만큼이라도 더하거나 덜어낼 수 없다. 이것은 마치 거울이 거울을 비추고, 물이 물로 들어가는 것과도 같다. 그런데도 범부가 끝내 스스로 어두워 밝게 비출 수 없는 까닭은 그 잘못이 미혹 때문이다. 무엇을 미혹했다는 말인가? 구원겁부터 한 줄기 마음 광명[心光]이 걸핏하면 망습(妄習)에 가려 스스로 깨치지를 못한다. 분명히 알아야 한다. 이 미혹은 4대(四大)와 육정(六情) 등에 미혹할 뿐만 아니라 나아가 책을 읽으면 책에 미혹하고, 가르침을 들으면 가르침에 미혹하고, 좌선하면 선에 미혹하고, 계율을 지니면 계율에 미혹하고, 선정을 익히면 선정에 미혹하고, 나아가서는 깨달으면 깨달음에 미혹하고, 증득하면 증득함에 미혹하고, 성불하면 성불에 미혹한다. 통틀어 말하자면 인위적 조작이 있으면 모두 마음 광명의 그림자에 불과하다. 실로 이 마음을 알음알이 밖으로 내 버리고 인위적인 조작을 마음에 앞서 비우지 않는다면 그대가 비록 불조의 깊은 이치를 두루 찾아 골수에 사무쳤다 해도 결코 이 미혹을 벗어나지 못한다. 그렇게 하는 것은 마치 자기의 귀를 틀어막고 고함을 지르면서 다른 사람에게도 들리지 않기를 바라는 것과 같다. 그것이 가능할지 모르겠다.

  선배들 중에는 진실하게 이 도에 뜻을 둔 분들이 있었다. 그들은 자신의 몸을 돌보지 않고 침식도 잊은 채 시비를 뚝 끊고 증애마저도 끊어 버렸다. 그러나 모두 그렇게 되기를 기약해서 그렇게 된 것은 아니다. 가슴속에 이보다 더 큰 것이 있는 사람은 미망이 하루아침에 사라져 활연히 밝게 드러나고, 온몸이 마치 하늘을 떠받칠 긴 칼처럼 되어 사방팔방에서 적군이 모여들어도 모두 쳐부순다. 이것이 어찌 우연이겠는가?

# 12

## 공용 없는 삼매는 무엇인가?

●

　도는 방향이 없으므로 가더라도 도달할 수 없고 형체가 없으므로 보려 해도 볼 수 없으며, 도는 인위적인 조작이 없으므로 이룰 수 없고, 기미[機]가 없으므로 지혜로운 사람도 헤아릴 수 없다. 3교(三敎)와 9류(九流)[1]의 제자백가들이 입만 열었다 하면 도에 대해 말하지 않는 사람이 없지만 도가 과연 이와 같다면 누구라서 그것을 소유할 수 있겠는가? 그러나 총명하고 지혜로운 인재는 곧 근원으로 향하니 기이하고 특별하다 해도 무방하리라.

　옛날 훌륭하게 도를 닦은 분으로서 임제(臨濟, ?~867)[2]스님의 경우, 황벽(黃檗, ?~850)[3]스님께 불법의 대의를 묻기만 하면 방망이로 맞았다.[4] 방망이로 때리는 것 외에는 끝내 말씀이 없었다. 또 자명(慈明, 987~1040)[5]스님이 분양(汾陽, 947~1024)[6]스님에게 물으면 꾸짖고 비웃기만 했을 뿐, 이른바 향상기(向上機)[7]니 말후구(末後句)[8]니 하는 말은 애초에 들어보지도 못하였다. 그런 뒤, 의로(義路)가 끊어진 상태에서 오랫동안 가슴속에 깊이 새겨 결단하려 해도 결단하지 못했던 의심을 하루아침에 활연히 벗어 버리게 되었던 것이다. 마치 붕새가 회오리바람을 치듯, 호랑이가 쭈그리고 앉은 듯, 번개가 치듯, 우레가 진동하듯 말과 글을 토해내었는데 입술을 적셔선 안 될 독과 같고 기어오를 수 없는 철벽과 같았으며, 허공에 흘러가는 달처럼 곳곳에서 빛나고 나뭇가지에 부는 바람처럼 자취가 끊겼다. 한편 네모난 걸상에서 한결같이 평상(平常)하기도 하며, 기침하고 침 뱉고 팔 흔드는 것까지도 도와 하나로 섞이지 않은 것이 없었다.

이윽고 그 집안의 깊숙한 도를 깨닫고 문전을 나선 인재들은 낱낱이 6진을 뽑고 세속을 단절하여 일반 무리보다 뛰어났으며 대방(大方)을 활보하며 눈은 은하수를 바라보았다. 불조 성현이라도 함께할 의도가 없는데, 더구나 명예·이익·5욕(五欲)[9]·은애(恩愛) 따위의 경계에 머리를 숙이고 구속을 받으려 했겠는가? 선배로서 이와 같은 체재를 자부한다 해도 다른 사람보다 특이한 견해가 있었던 것도 아니고, 세상을 뒤덮을 만한 기이한 수법이 있었던 것도 아니다. 한결같이 도를 위하는 생각이 있었을 뿐이다.

이것은 마치 서리와 얼음이 불 그림자만 바라보아도 녹아 버리는 것과 같고, 티끌이 작은 바람에도 날아가는 것과 같다. 도를 체득하려는 생각이 1푼 견고하고 촘촘해지면 그에 따라 업도 자연히 1푼 소멸할 뿐이다. 내가 도를 향하는 마음이 투철하면 이른바 알음알이의 허상으로 전도된 애증의 사념은 바람을 만난 티끌이나 불 가까이의 눈처럼 자신도 모르는 사이에 사라지게 된다. 어찌 알음알이의 허망만 그렇게 되겠는가? 나아가 성인의 도조차도 이 마음속으로 들어오질 못한다. 이를 공용(功用) 없는 삼매라 한다. 삼매 가운데서는 생사건 열반이건 모두 붙을 틈이 없다.

 요즘 사람들도 이 삼매 속에 있기는 하지만 도를 향하는 생각이 진실하고 간절하지 못하여 걸핏하면 알음알이의 허상을 만난다. 그 결과 주관과 객관이라는 집착에 결박되어서 불법을 알면 알수록 업식(業識)만 더 늘어나고, 도에 밝을수록 무명(無明)만 자라난다. 그리하여 지견(知見)의 바람이 부채질해 생사윤회의 바다 속으로 들어가 윤회를 달게 받아들인다. 어찌 뜻이 있는 납자라면 이와 같이 하겠는가? 이는 마치 눈먼 사람이 보배가 있는 곳으로 가려다 오히려 보배에 걸려 몸을 다치고 목숨마저 잃어 버리는 것과 같은 짓이다.

주
:

1  3교(三敎)는 불교·유교·도교를 말하고, 9류(九流)는 한나라 때 성행했던 아홉 학파 즉 유가·도가·음양가·법가·명가·묵가·종횡가·잡가·농가를 말한다. 두 가지 모두 다양한 가르침을 총칭하는 용어로 쓰인다.

2  임제(臨濟) : 당대 스님으로 임제종의 개조. 임제는 주석 사명이고 법명은 의현(義玄)이며, 속성은 형(邢) 씨이고 하남성 조주 남화(南華) 출신이다. 출가하여 구족계를 받고 여러 곳을 편력하다 황벽산(黃檗山)의 희운(希運)선사에게 참례하였다. 희운의 지침에 따라 고안대우(高安大愚)와 위산영우(潙山靈祐)를 참례하였으며, 다시 황벽 회하로 돌아오자 희운이 백장회해(百丈懷海) 선사의 선판(禪板)과 궤안(几案)을 물려주었다. 대중(大中) 8년(854) 하북성 진주 정정현(正定縣) 동남쪽 작은 원(院)에 머물렀는데 후에 임제원(臨濟院)이라 불렸다. 그 후 태위(太尉) 묵군화(黙君和)가 자신의 집을 기증하여 절로 만들고 의현을 맞아들이자 역시 임제원이라 하였다. 진주보화(鎭州普化)와 극부(克符)가 의현(義玄)의 교화를 도왔고, 용아거둔(龍牙居遁)·낙보원안(樂普元安)·마곡보철(麻谷寶徹)·봉림(鳳林) 등의 선승도 참례하였다. 그 후 하북성 대명부 대명현(大名縣)의 흥화사(興化寺)로 옮겨 동당에 기거하다 함통(咸通) 8년 4월 10일 입적하였다. 시호는 혜조선사(慧照禪師)이고, 제자로 삼성혜연(三聖慧然)·흥화존장(興化存奬)·관계지한(灌谿志閑)·유주담공(幽州譚空) 등이 있으며, 삼성이 『진주임제혜조선사어록(鎭州臨濟慧照禪師語錄)』을 편찬하였다.

3  황벽(黃檗) : 당대 스님으로 법명은 희운(希運)이며 복주(福州) 민현(閩縣) 출신이다. 어려서 홍주(洪州) 황벽산에서 출가하여 천태산과 경사(京師) 등지에서 수학하였고, 백장회해(百丈懷海) 선사를 찾아가 그의 법을 이었다. 848년 배상국(裵相國)의 청으로 완릉(宛陵)의 개원사에 주석하며 사방에서 모여드는 학인들을 제접하다가 850년 8월 황벽산에서 입적

하였다. 일부 전적에서는 입적한 해를 849년 혹은 855년이라고도 한다. 시호는 단제선사(斷際禪師)이며, 상국 배휴(裵休)가 스승인 황벽과의 문답을 기록한 『전심법요(傳心法要)』와 어록이 전한다.

4 황벽스님의 회하에서 3년을 참선하며 지내는데 수좌로 있던 목주도종(睦州道從)이 그의 행업(行業)이 순일함에 감탄하고는 황벽스님께 직접 도를 물으라고 권하였다. 목주의 권유에 따라 황벽스님에게 찾아가 "무엇이 불법의 분명한 대의(大意)입니까?" 하고 물은 임제는 질문이 채 끝나기도 전에 얻어맞았다. 목주의 권유에 따라 세 번을 물은 임제는 세 번을 똑같이 얻어맞고 물러났다. 『종용록』 제86칙, T48-282c.

5 석상(石霜) : 송대 스님으로 석상은 주석 산명이고 법명은 자명(慈明)이며, 송성은 이(李) 씨이고 전주(全州) 출신이다. 수계 후 총림을 편력하다 분양선소(汾陽善昭)에게 참학하고 그의 법을 이었다. 석상산(石霜山) 숭승사(崇勝寺)·담주(潭州) 흥화사(興化寺) 등지에 주석하며 엄준한 선풍을 떨쳤으며 회하에서 황룡혜남(黃龍慧南)과 양기방회(楊岐方會)라는 걸출한 인재를 배출하였다.

6 분양(汾陽) : 5대(五代) 말엽과 송대 스님으로 분양은 주석 지명이고 법명은 선소(善昭)이며, 속성은 유(俞) 씨이고 태원(太原) 출신이다. 제방 선사들을 역참한 후 수산성념(首山省念) 회하에서 대오하고 법을 이었다. 분양(汾陽) 태자원(太子院)에 주석하며 종요(宗要)를 전하였고, 시호는 무덕선사(無德禪師)이다. 『분양무덕선사어록(汾陽無德禪師語錄)』·『분양선소선사어록(汾陽善昭禪師語錄)』·『분양소선사어요(汾陽昭禪師語要)』가 전한다.

7 향상기(向上機) : 무차별 평등의 세계, 즉 부처님의 경계로 뛰어든 사람을 일컫는 용어이다. 『벽암록』 권11, T48-515에서 "향상의 근기를 맞이해 향상의 일을 제기한다(接向上機 提向上事)."고 하였다.

8 말후구(末後句) : 말후(末後)는 최후(最後)·구경(究竟)·필경(畢竟)·구극(究極)·지극(至極)의 뜻이고, 구(句)는 언구(言句)·어구(語句)·문구(文句)란 뜻이다. 종문(宗門)의 활구(活句)를 말한다.

9    오욕(五欲) : 5근인 눈·귀·코·혀·피부의 대상이 되어 마음에 들고 사랑스럽고 즐거움을 주는 것들, 즉 모든 욕망의 근원이 되는 색깔·소리·향기·맛·촉감의 5경을 말한다. 또 인간의 주요 욕망인 재욕·성욕·식욕·명예욕·수면욕을 오욕이라고도 한다.

# 13

## 왜 정진력을
## 길러야 하는가?

도를 배우려면 무엇보다도 신근(信根)을 갖추어야 하고, 이를 정진력(精進力)으로 뒷받침해야 한다. 이렇게 하고도 성취하지 못한 자는 여태껏 본 적이 없다.

그러나 신근(信根)을 경쾌한 배에 견준다면 정진력은 돛대와 같고, 신근을 준마에 비긴다면 정진력은 채찍과 같다. 돛대를 경쾌한 배에 더한다면 물의 역순(逆順)은 상관할 바가 못되고, 준마에 채찍질을 가한다면 길이 평탄하고 험난한 것은 문제될 것이 없다. 요즘 사람들을 보면 신근을 갖춘 자가 없지는 않으나 정진력으로 시작과 끝을 일관되게 하는 자는 찾아보기 어렵다. 정진을 하루라도 하지 않으면 게으름이 불어난다는 것을 알지 못한다. 들뜨고 천박한 신근에 한없는 게으름이 보태지면 성인의 도가 손바닥을 펴듯 쉽다고 해도 그런 사람은 분명 도를 깨닫지 못하리라. 더구나 오랜 겁 동안 윤회의 종자가 심식과 더불어 생각 생각에 흐르며 끝내 조금도 쉼이 없는 것이야 말해 무엇하랴! 설사 순일하게 부지런히 노력한다 해도 도에 사무치지 못할까 염려해야 할 텐데 지금 이 생에서까지 마음대로 방일하며 정진하지 않으니 이래서야 가깝겠는가, 가깝지 않겠는가?

# 14

## 도 닦는 것과 외부의 조건은 어떤 관계인가?

●

옛 사람은 도를 믿는 것이 독실하여 이치를 보는 것도 분명하였으며, 마음가짐이 견고하여 입지(立志)도 원대하였다. 도를 닦다가 백 번 좌절한다 해도 그 뜻은 조금도 물러서지 않았다. 그뿐 아니라 좌절했다하더라도 그 자리에서 뜻과 능력을 연마하고 견고하게 할 방법을 모색하였다.

이것이 바로 옛 사람들이 깨달음을 신속하게 성취할 수 있었던 까닭이다. 이렇게 본다면 외부의 조건에 어찌 좋고 나쁨이 있겠는가. 오직 도에 나아가겠다는 나의 마음이 진실한가, 진실하지 못한가에 달려 있을 뿐이다. 도에 나아가겠다는 마음이 진실하고 간절하기만 하면 속세가 바로 깨달음의 세계이며, 외부 조건의 좋고 나쁨에 관계없이 모두 도 닦는 데에 도움이 된다.

선배들 중에 깨달음의 경지에 깊숙이 들어간 자들은 가난과 고생으로써 성취하지 않은 분이 없다. 그러니 이것을 깊이 생각하고 생각해 보라.

# 15

## 도에 쉽고 어려움이 있는가?

●

　불조의 도를 쉽게 알 수 있다고 여겨서는 안 된다. 왜냐하면 쉽다고 여기면 게으름을 피우기 때문이다. 그렇다고 어렵다고 말해서도 안 된다. 왜냐하면 도를 깨치기가 어렵다고 하면 사람들이 의혹을 일으키기 때문이다. 게다가 쉽고 어려운 것은 도 닦는 사람에게 달려 있지 결코 도에 달려 있지 않다. 비유하면 천 리 길과 같아서 가령 가볍고 좋은 마차에 천리마를 앞세우고 달린다면 해 떨어지기 전에 목적지에 도달할 것이다. 그러나 반대로 파리하고 좀먹은 소의 꼬리나 절름발이 자라의 발에 의탁한다면 날이 가고 한 해가 다한다 해도 목적지에 도달하지 못할 것이다.
　이처럼 가야 할 길이 좋은 마차와 말 때문에 가까워지는 것이 아니고, 느린 소나 자라 때문에 멀어지는 것도 아니다. 실로 빨리

가는가, 느리게 가는가에 따라서 그렇게 달라지는 것일 뿐이다.

　만일 자신의 더디고 신속함이 깨치는 일을 어렵게도 만들고 때로는 쉽게도 만든다는 사실을 알지 못하면, 앞에서 말한 게으름과 의혹의 폐단 가운데에 이쪽 오류에 빠지지 않으면 저쪽 오류에 빠지게 된다. 신근(信根)으로 살펴보면 영리한 사람은 게으름이 많고 둔한 사람은 의혹이 많다. 영리한 사람이 게으름을 부리지 않고 둔한 사람이 의혹에 병들지 않는다면 모두 함께 깨달음으로 나아갈 수 있다. 이렇게 이미 깨달음으로 나아가고 나면 어찌 어렵고 쉬움과 게으름과 의혹과 더디고 빠름과 영리함과 둔함의 구별이 있을 수 있으리오!

## 16

## 도는 어디서 찾을 수 있는가?

●

이 도는 아주 간결하고도 가깝다. 그러나 그대가 만약 마음을 일으키고 사념을 움직여 이 간결하고도 가까운 도를 찾으려 하면 벌써 간결하지도 가깝지도 않게 된다. 게다가 언어와 문자로 이리저리 따지고 헤아리며 알음알이로 취하고 버린다면 도는 간결하지도 가깝지도 않을 뿐 아니라 도리어 도를 배우지 않은 사람이 밥 먹고 옷 입는 것 외에 자질구레한 일 없이 사느니만 못하다.

불조께서는 모두 참되고 바른 체재를 갖추고 있다는 사실을 분명히 알아야 한다. 천생 백 겁토록 이 도를 철저히 깨우치고 간직하여, 한 생각 쉰 곳에서 모든 경계가 평등하게 잠길 때에 이르러서야 간결하고도 가까운 깨달음은 남에게 달려 있는 것이 아니라는 사실을 비로소 알게 된다. 어찌 구차하게 하여 그렇게 되었겠는

가. 그래서 옛 사람이 말하기를, "비록 오래된 누각이 한가로운 전원에 있다지만 한차례 짐을 짊어지고 와야 비로소 쉬게 되리라."[1]고 하였다.

주
:

1   원문은 "雖然舊閣閑田地 一度贏來方始休."이다. 당말(唐末) 동산양개(洞山良价) 선사에게 참학하고 법을 이은 용아거둔(龍牙居遁, 835~923) 선사의 게송 일부이다. 『벽암록』 제45칙, T48-182b.

# 17

## 옛 사람의 말을 따라도 되는가?

●

큰 불무더기에도 들어갔다가 나올 수 있고 칼끝도 오히려 밟을 수 있다. 하지만 이 한 소식[一著子]만은 사념(思念)을 일으키는 순간 벌써 십만 팔천 리로 멀어져 버린다. 더구나 알음알이를 홀연히 일으키고 사량분별을 가만히 흥기하는 것이야 말할 필요도 없다.

불가사의한 말솜씨를 갖추었다 해도 말은 하면 할수록 더욱 시끄러울 뿐이다. 이는 생사의 숲에 가시나무를 재배하고 윤회의 바다에 똥물을 뿌리는 것과 다름없다. 본색상사(本色上士)[1]라면 어찌 이같이 전도 착란하겠는가.

마땅히 알아라. 옛 사람들은 부득이하여 털끝만큼이라도 무엇을 들어 일으키면 반드시 다른 사람이 그것을 민첩하게 끊어 버리려 하였다.

그러나 이런 인재를 만나지 못해 더욱 너절한 언어·문자만 짓게 되었다. 이를 어떻게 그만두겠으며 어찌 그만두겠는가!

주
:

1 본색상사(本色上士) : 본연의 모습을 회복한 뛰어난 사람이란 뜻으로 본색종장(本色宗匠)과 같은 말이다.

# 18

## 시절인연 때문에
## 깨닫기 어려운가?

●

소림사의 달마스님은 "마음이 철벽같아야 도에 들어갈 수 있다."[1] 하였고, 6조 혜능스님은 "그대가 선과 악을 모두 생각하지 않으면 자연히 마음의 본체에 들어가리라."[2]고 했고, 덕산(德山, 782~863)[3]스님은 "그대는 마음에 아무것도 일삼지 말라. 마음에 일삼음이 없으면 자연히 텅 비었으면서도 신령하고, 고요하면서도 오묘하리라."고 하였으며, 사심(死心, 1043~1114)[4]스님은 "단속하고 놓아 버리는 것이 도에 들어가는 제일 빠른 첩경이다."[5]라고 하였다. 선배들이 저마다 각각 후배들을 위해 하신 말씀들이 어찌 노파심이 너무 지나쳐서 도리어 잘못된 길로 인도한 것이겠는가?

요즘은 위에서 선배들이 지적한 잘못을 저지르는 사람을 찾으려 해도 드물게 되었다. 그러니 이 도리 밖에서 대수용(大受用)을 구비한 인재를 어찌 찾을 수 있겠는가. 그들이 대장부면 난들 어찌 그렇지 않겠는가. 그대가 '한 가지 뜻을 간직하였지만 시절인연이 옛날 같지 않아 깨달음으로 들어가기 어렵다'고 한다면 스스로 자기 능력의 한계를 짓는 것이 아니고 무엇이겠는가.

주
:

1   원문은 "心如鐵壁 乃可入道."이다. 의미는 크게 다르지 않으나『경덕전등록(景德傳燈錄)』권3, T51-219c과『소실육문(小室六門)』, T48-370a 등 대부분 전적에는 "心如牆壁 可以入道."로 되어 있다.
2   원문은 "汝但善惡 都莫思量 自然得入心體."이다.『육조대사법보단경(六祖大師法寶壇經)』, T48-360a에는 "그대가 마음의 요체를 알고 싶다면 그저 일체 선악을 모두 헤아리지 말기만 하라. 그러면 자연히 청정한 마음의 본체에 들어가게 되리라(汝若欲知心要 但一切善惡 都莫思量 自然得入清淨心體)."라고 하였다.
3   덕산(德山) : 당대 스님으로 덕산은 주석 산명이고 법명은 선감(宣鑑)이며, 속성은 주(周) 씨이고 검남(劍南) 출신이다. 20세에 출가하여 경과 율을 공부하였고, 특히『금강반야경(金剛般若經)』에 정통하여 주금강(周金剛)이라 자칭하였다. 그러나 용담숭신(龍潭崇信)을 만난 뒤 모든 것을 버리고 30년 동안 참학해 그의 법을 잇고는 덕산(德山)에 머물며 분방호쾌(奔放豪快)한 선풍을 선양하였다. 후대 그의 선풍을 임제와 비견해 흔히 '덕산방(德山棒) 임제할(臨濟喝)'이라는 어구로 표현하였다. 제자에 암두전활(巖頭全豁)과 설봉의존(雪峰義存) 등이 있다.
4   사심(死心) : 임제종 황룡파(黃龍派) 스님으로 법명은 오신(悟新)이고, 스스로 사심수(死心叟)라 칭하였다. 속성은 황(黃) 씨이며 소주(韶州) 출신이다. 불타원(佛陀院) 덕(德)에게 귀의하여 출가 수계한 후 여러 지방을 행각하다 황룡조심(黃龍祖心, 1025~1100)에게 참학하여 그의 법을 이었다. 제방을 편력하다 황룡산(黃龍山)에 주석하며 황룡파의 선풍을 널리 선양하였다.
5   원문은 "節儉放下最爲入道捷徑."이다.『선림보훈(禪林寶訓)』권3, T48-1030a.

# 19

## 조사의 화두는
## 어떻게 받아들여야 하는가?

마삼근(麻三斤)[1]·간시궐(乾屎橛)[2]·수미산(須彌山)[3]·백수자(栢樹子)[4] 등의 화두는 마치 태아검(太阿劒)[5]과 같아 슬쩍 스치기만 해도 만겁의 생사가 그 자리에서 끊어져 버린다. 그런 뒤에는 그 작용하는 처소를 찾으려 해도 시방세계가 다하도록 바람은 쉬고 구름이 고요해 끝내 종적을 찾을 수 없다. 그래서 이것을 일러 법왕의 법인[法王法印]이라 한다. 이치는 반드시 이와 같아야 한다. 이 도리를 자세히 알지 못하는 자는 도리(道理) 위에 쭈그리고 앉아 유(有)와 무를 따지고 지(知)와 해(解)를 세우지만 사람이 손으로 허공을 움켜잡으려는 것처럼 아무런 소용이 없다. 뿐만 아니라 도리어 해로울 것이다. 진정으로 생사를 해결하려는 사람이 어찌 이렇게 행동할 수 있겠는가?

주:

1 마삼근(麻三斤) : 한 스님이 동산수초(洞山守初) 선사에게 "무엇이 부처님입니까?" 하고 묻자 "삼 세 근이다(麻三斤)."라고 대답하셨다. 『경덕전등록』 권22, T51-386c.
2 간시궐(乾屎橛) : 한 스님이 운문문언(雲門文偃) 선사에게 "무엇이 석가의 몸입니까?" 하고 묻자 선사께서 "마른 똥 막대기다(乾屎橛)."라고 대답하셨다. 『운문광진선사광록(雲門匡眞禪師廣錄)』 T47-550b.
3 수미산(須彌山) : 어떤 스님이 운문문언 선사에게 "한 생각도 일으키지 않더라도 허물이 있습니까?" 하고 묻자 운문스님께서 말씀하셨다. "수미산만큼." 『운문광진선사광록』, T47-547c.
4 백수자(栢樹子) : 어떤 스님이 조주종심 선사에게 "무엇이 조사께서 서쪽에서 오신 뜻입니까?" 하고 묻자 선사께서 말씀하셨다. "뜰 앞의 잣나무니라(庭前柏樹子)." 『벽암록』 권5, T48-181c.
5 태아검(太阿劍) : 중국 초나라의 보검(寶劍) 가운데 하나이다. 구야자(歐冶子)와 간장(干將)이 함께 만든 것으로 용연(龍淵)·공포(工布)와 더불어 명검으로 불린다.

# 20

## 지난날의 업을
## 어떻게 관찰해야 하는가?

●

　도인의 일상생활에 나타나는 경계는 모두 지난날의 업이고 허깨비의 변화로서 끊임없지만 순진일여(純眞一如)와 조금도 차이가 없다. 이와 같이 관찰하는 자라면 영욕을 떨쳐 버리고, 갖가지 인연이 얽혀 시끄러운 곳에서도 모든 시비를 끊어 버린다. 그렇지 않다면 덧없는 생사가 미래제가 다하도록 계속되어 끝내 쉴 날이 없으리라. 참선하는 납자들은 종일토록 바쁘게 무엇을 하느라고 이것을 생각하지 않는가? 다시 한 생각 홀연히 일으켜 세속에 대해 분별을 일으킨다면 이른바 도 닦는 사람은 못 된다.
　과거의 업으로 목전을 관찰해 본다면 한 털끝도 그대가 회피할 것이 없으며, 부질없는 허깨비로 목전을 관찰하면 한 털끝만큼도 그대가 취하거나 찾을 것이 없으며, 끊임없는 것으로 목전을 관찰하면 한 털끝만큼도 그대가 버리거나 떠날 것이 없으며, 순진일여한 것으로써 목전을 관찰하면 한 털끝만큼도 그대가 간택할 것이 없다. 이렇게 될 때 비로소 관(觀)과 조(照)가 모두 사라지고 능(能)과 소(所)를 모두 다 잊어, 도인이 시시비비를 끊고 영욕을 비워 생사를 초월하고 허깨비 꿈을 뛰어넘는 시절이 오리라.

## 21

## 어떻게 시비를
## 벗어날 수 있는가?

●

　3조 승찬스님[1]은 "시비가 분연히 일어나기만 하면 곧바로 마음을 잃어 버린다."[2]고 하였다. 또한 "생사가 범부이고 열반이 바로 성인이다." 하여 범부는 부정하고 성인을 긍정하는 견해가 온 세상에 쫙 퍼져서 피할 곳이 없게 되었다. 그대는 눈먼 것을 쳐 버리고 열반이니 생사니 하는 명자(名字)가 생기기 이전의 자리에 한번에 꾹 눌러앉아 버려야 한다. 그런 뒤에 한 가닥 단절된 실을 가지고 생사와 열반의 꼭대기를 하나로 관통해야 한다. 요컨대 시비의 견해를 벗어 버리기만 한다면 정주(鄭州)에서 조문(曹門)을 벗어난 정도가 아니다.
　분명히 알아야 한다. 실로 신령하게 깨닫고 오묘하고도 원만하게 뛰어넘어 정견(情見)에 떨어지지 않는 것 이외에 그 나머지는 마음대로 이리저리 구멍을 뚫어 놓고 물이 새지 않기를 바라는 격이다. 이는 모두 시비로써 시비를 없애려는 것이니 결국 본심(本心)만 잃고 말 것이다. 그러니 어찌 또 제2념(第二念)으로 들어가기를 기다리겠는가?

주
:

1  3조 승찬(三祖僧璨) : 수대(隋代) 스님으로 중국 선종의 제3조이다. 풍질(風疾)에 걸렸을 때 2조 혜가(二祖慧可)를 만나 문답을 주고받고는 풍질이 공불가득(空不可得)인 이치를 깨닫고 혜가에게 출가하였다. 혜가의 법을 이어받아 서주(舒州) 사공산(司公山)에 은거하였고, 북주(北周) 무제(武帝)의 파불(破佛) 때 동주(同州) 환공산(晥公山)에 10년을 은거하였다. 이어 나부산(羅浮山)에 들어가 대재회(大齋會)를 열고 심요(心要)를 설한 뒤 수(隋) 대업(大業) 2년에 입적하였다. 수 개황(開皇) 12년(592)에 도신(道信)이 제자가 되어 그의 선법을 이었다. 『신심명(信心銘)』이 그의 작품으로 알려져 있으며, 당 현종(玄宗)이 감지(鑑智)라는 시호를 내렸다.
2  원문은 "才有是非 紛然失心."이다. 『신심명』, T48.

## 22

## 방편에는
## 해로움이 없는가?

　한 가지 일이 앞에 걸려 있으면 한 가지 법이 뒤에서 풀어주는 것이 천하고금 수행의 이치이다. 이는 마치 앉거나 누우면 피로가 풀리고, 음식을 먹으면 배고픔이 사라지는 이치와 같다. 즉 앞서 걸려 있던 것은 피곤과 배고픔이며, 뒤따라 푸는 것은 앉고 눕는 것과 음식이다. 그러나 피곤과 배고픔은 때로 없어지지만 앉고 눕는 것과 음식에 대한 사념은 떠날 때가 없다. 그것이 사념에서 떠나지 않기 때문에 점점 습관이 되어 게으름과 욕심이 생기게 된다. 그리하여 덕을 없애고 뜻을 잃으며 도를 없애고 몸을 망치는 지경에 이르게 하여 하지 못할 짓이 없게 된다.

　사람들은 걸려 있는 것이 해롭다는 것만 알 뿐 그 걸린 것을 푸는 일도 해롭다는 사실은 모른다. 자세히 살펴보자. 걸렸을 때에는 모두들 해롭다는 것을 알아 그 병이 깊이 들어오는 것을 용납하지 않기 때문에 풀어 버리려고 생각하지만 그것을 풀 때에는 그것 역시 해롭다는 것을 몰라 가까이하여 익숙해하며 그와 함께 동화해 버린다. 그것이 몸속 깊숙이 침투할수록 그 해로움은 더할 것이니, 그렇다는 것을 알아차렸을 때는 너무 늦지 않겠는가? 그 이유는 무엇인가? 비유하면 무더운 더위에 불티가 얼굴로 날아들어 비 오듯 땀이 흐르면 바람과 찬이슬로 그 더위를 해소하려고 생각할 것이다. 이때 마침 바람을 쐬고 찬이슬을 맞게 되면 너무도 상쾌하고 시원해 떠날 줄을 모르게 된다.

그러나 이렇게 하기를 오래하다 보면 음산한 바람, 습한 이슬이 그 사람의 피부와 속까지 침입하여 그 증세가 가벼우면 몸이 뒤틀리고 심하면 온몸이 마비되는 중풍에 걸리고 만다. 구구하게 한때의 번거로움을 풀려다가 고황(膏肓)에 깊은 병을 얻으면서도 끝내는 해로움이 많았다는 사실을 모른다. 그렇기 때문에 위로부터 성현들께서 이것을 좋지 않게 여기고 불쌍히 여기셨다. 이것이 교화가 생기게 된 까닭이다. 사람들이 이 이치를 통달하면 도를 깨치게 되리라.

23

○

# 구도의 자세는 무엇인가?

●

세상의 풍속을 보면 고용된 노비는 주인의 지배를 받으면서 전신이 피로하고 죽겠어도 감히 게으름을 피우지 못한다. 조금이라도 잘못하거나 꾀를 부리면 주인은 노하여 욕을 하고 채찍질하며 못 하는 짓이 없다. 그래도 노비는 조금도 싫어하는 기색을 보이지 않고 주인 곁을 떠나려 하지도 않는다. 어떻게 성냄과 원망을 이처럼 잊을 수 있을까? 그것은 다름이 아니라 그저 먹고사는 이양(利養)에 포섭되었기 때문이다. 혹시라도 성내고 원망했다가는 주인에게 쫓겨나 결국 먹고살 수 없게 된다. 그렇기 때문에 먹고사는 이양 때문에 성내고 원망하는 일을 모두 잊는 것이다.

도를 배우는 사람이 바깥 경계에 부딪치면 갑자기 물러나려는 나태한 마음을 일으킨다. 먹고사는 이양을 도와 비교하면 하늘과 땅 정도로 차이가 난다.

어찌하여 사람들은 먹고사는 이양을 구하는 것은 간절하게 하면서 도를 구하는 것은 이리도 소홀히 할까? 이것을 깨닫고 스스로 힘써야 되리라.

# 24

## 출가자도 편안함을
## 누릴 수 있는가?

●

　유가(儒家) 경전에 이르기를, "하늘이 장차 사람에게 큰 책임을 맡기고자 하면 반드시 그 사람의 심지(心志)를 먼저 괴롭히고, 그 육신을 고통스럽게 하며, 그 몸뚱이를 주리게 한다."[1]고 하였다. 하물며 위없는 큰 깨달음이야 어찌 큰 책임 정도겠는가.

　석가모니 부처님께서는 오랜 겁 동안 몸을 돌보지 않고 깨달음을 구하셨다. 이렇게 하느라고 오랜 겁이 지나 그동안 쌓인 뼈는 수미산처럼 높았고 마신 우유만도 바다와 같았으니, 결국 몇 번이나 몸뚱이와 생명이 뒤바뀌었는지 알 수도 없었다. 이리하여 "나는 몸과 목숨을 아끼지 않고 위없는 대도(大道)를 아낄 뿐이다."[2]라는 말이 남게 되었다.

　슬프다! 요즈음 도를 닦겠다는 자들은 그저 도를 닦는다는 그 자체로써 명분을 삼기는 한다. 그러나 그 하는 행동을 살펴보면 배고프지 않은데도 밥을 먹고, 피곤하지 않은데도 침소로 향한다. 그런가 하면 모든 것을 다 받아들이고 제멋대로 시주물을 쓴다. 그러다 더러 마음에 들지 않으면 원망과 탄식을 마구 일으키고, 부지런히 정진하라는 이야기를 들으면 귀를 막고 물러나 숨어버린다. 천하에 어찌 노력하지 않고 거두며 심지 않고 수확하는 것이 있겠는가? 생각해 보니, 선배들은 대근기(大根器)를 갖추었으면서도 깨치지 못하거나 사무치지 못한 날에는 밥 짓고 절구질하며 일상생활 속에서 자기를 숨기고 아무리 천한 일일지라도 감히 꺼려하지 않았다. 그런데 지금 우리는 도대체 어떤 존재이기에 감히 방종하면서 스스로를 돌아보려 하지 않는가.

옛날 관중(管仲)[3]은 제(齊)나라 임금에게 "안일함은 짐독(鴆毒)과 같으니 절대로 품어서는 안 됩니다."[4]라고 했다. 나라의 임금이 되면 부귀와 편안함을 가까이하는 것은 당연한 일인데도 그것을 허락하지 않았다. 그런데 더구나 수행하는 우리들은 생사대사를 뼈아프게 여겨 출가해 머리를 깎고 승복을 입었다. 그러니 머리에 붙은 불을 끄듯 화급히 하더라도 오히려 시간이 없는데 편안함에 안주해서야 되겠는가. 게다가 관중이 말한 짐독은 그 피해가 한 생의 몸뚱이를 해치는 데 지나지 않지만 우리 선문(禪門)에서 말하는 짐독은 만겁의 혜명(慧命)을 해친다. 그러니 그 해로움은 서로 비교도 할 수 없다.

주
:

1 『맹자(孟子)』「고자장구(告子章句)」에 나온다.
2 원문은 "我不愛身命 但惜無上道."이다. 『묘법연화경』「권지품(勸持品)」, T9-36b.
3 관중(管仲) : 중국 춘추시대 제(齊)나라의 사상가이자 정치인이다. 백성을 부유하게 하는 것이 정치의 요건임을 강조하여 제나라를 부강한 나라로 키웠다. 그가 지었다는 『관자(管子)』 76편이 지금까지 전한다.
4 원문은 "宴安鴆毒 不可懷也."이다. 『춘추좌씨전(春秋左氏傳)』「민공(閔公) 원년(元年)」.

# 25
## 올바른 정진의 태도는 어떤 것인가?

염송(念誦)[1]에 이르기를, "대중들은 머리에 붙은 불을 끄듯이 부지런히 정진해야 한다."[2]고 했다. 이것은 일종의 비유로서 이보다 더 적합한 것은 없다. 머리에 붙은 불을 그대로 둔 채로는, 매우 굶주린 상태에서 음식을 만나더라도 그 불을 끄지 않고는 먹을 겨를이 없다. 또 아무리 피곤해도 그 불을 끄지 않고 누구라서 편안히 잠잘 수 있겠는가. 먹고 자는 일이 자기에게 절박한 일이기는 하나 그 불을 끄지 않고는 결코 쉬거나 먹을 수 없다. 혹 머리의 불을 끄지 못한 채 빈둥빈둥 논다면 비록 불조(佛祖)와 같은 성현이라도 그를 어떻게 할 수 없는 사람이라 여길 것이다. 머리의 불을 끄듯 정진하는 생각을 한결같이 사무쳐 바로 그 자리에서 몸과 마음을 견고한 병기나 삼엄한 성곽처럼 늠름하게 하여 조금도 범하지 못하게 해야 한다. 그렇게 하면 생사의 업식과 알음알이의 전도가 버릴 것도 없이 저절로 다스려져 온갖 시비의 소리가 가라앉고 온갖 자취가 흔적도 없이 사라질 것이다.

지금도 총림의 강유(綱維)³가 있는 곳치고 매월 8일이면 대중들을 엄연하게 모아놓고 목소리를 가다듬어 거량(擧揚)⁴하지 않는 곳이 없다. 그러나 청중들은 마치 진(秦)나라 사람이 월(越)나라 사람의 비대하고 수척한 모습을 보듯 하고, 흙으로 만든 허수아비가 광대의 북소리와 피리소리를 듣듯 한다. 그들의 정진을 분발시킬 수 없을 뿐 아니라 도리어 듣고 보는 것조차 싫어하니, 차라리 아무 일 없는 것을 다행이라 여기는 것만도 못하다.

슬프다, 인심이 거칠어져 모두가 이토록 게을러졌구나! 설사 백장(百丈)스님께서 이 세상에 다시 태어난다 해도 이런 사람은 어떻게 해볼 수가 없구나! 어찌 해볼 수가 없구나!

주
:

1 염송(念誦) : 칭념(稱念)과 같은 말이다. 마음으로 생각하면서 불명(佛名)·경(經)·주(呪) 등을 외우는 것이다.
2 원문은 "大衆當勤精進如救頭然."이다.
3 강유(綱維) : 유가에서는 국가·가정·부부 사이에 지켜야 할 기본 도리를 3강(三綱), 올바른 사회를 구축하기 유지하기 위해 꼭 필요한 덕목인 예(禮)·의(義)·염(廉)·치(恥)를 4유(四維)라 한다. 흔히 특정 단체의 핵심 강령을 일컫는 용어로 쓰인다.
4 거량(擧揚) : 부처님이나 조사들의 말씀과 행적을 예로 드는 것을 거(擧)라 하고, 그 진실한 뜻을 널리 선양하는 것을 량(揚)이라 한다.

**02** 성철스님이 가려 뽑은 한글 선어록

# 선에 대한 이런저런 이야기
천목중봉 스님의 동어서화

| | |
|---|---|
| 개정판 1쇄 인쇄 | 2017년 3월 10일 |
| 개정판 1쇄 발행 | 2017년 3월 20일 |
| 지은이 | 천목 중봉 |
| 감역 | 벽해 원택 |
| 발행인 | 여무의(원택) |
| 발행처 | 도서출판 장경각 |
| 등록번호 | 합천 제1호 |
| 등록일자 | 1987년 11월 30일 |
| 본사 | 경남 합천군 가야면 해인사길 122 해인사 백련암 |
| 서울사무소 | 서울시 종로구 삼봉로 81(수송동, 두산위브파빌리온) 931호 |
| | 전화 (02)2198-5372　팩스 (050)5116-5374 |
| | 홈페이지 www.sungchol.org |

편집·교정 문종남　디자인 김형조
홍보마케팅 김윤성　관 리 서연정

ⓒ 2017, 장경각

ISBN 978-89-93904-79-6  04220
ISBN 978-89-93904-77-2 (세트)

값 14,000원

※이 책에 실린 내용은 무단으로 복제하거나 전재할 수 없습니다.
※잘못된 책은 교환해 드립니다.

※이 도서의 국립중앙도서관 출판예정도서목록(CIP)은 서지정보유통지원시스템 홈페이지(http://seoji.nl.go.kr)와 국자자료공동목록시스템((http://www.nl.go.kr/kolisnet)에서 이용하실 수 있습니다.
 (CIP제어번호: CIP2017006176)

눈 밝은 납자들이여!
업의 결박이 깊지 않고 도가 멀리 떠나지 않았을 때,
용맹정진하여 별안간에 한 기연을 굴리고
일찌감치 깨치도록 노력하소서.
그렇지 않으면 백일청천에 걸핏하면 업의 결박을 만나게 되리니,
두려운 일이 아니겠는가!